パーフェクトレッスンブック

サッカー
崩しの教科書

監修 山口素弘 Motohiro Yamaguchi

（元サッカー日本代表、名古屋グランパス　アカデミーダイレクター）

PERFECT LESSON BOOK

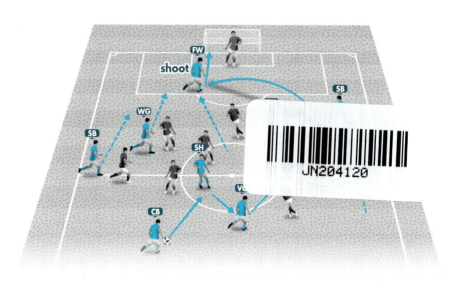

サッカー崩しの教科書 CONTENTS

1章 THEORY 勝つための戦術のセオリー 12

>>> サッカーの目的
　ゴールを目指す！ 14

>>> 戦術の考え方
　ゴールを決めるために考える 16

>>> 攻撃戦術のスタイルⅠ
　ポゼッションサッカー 18
　バルサのポゼッション 20
　チェルシーのポゼッション 21
　マンチェスター・Ｃのポゼッション 22

>>> 攻撃戦術のスタイルⅡ
　カウンター 24
　レアルのカウンター 26
　ドルトムントのカウンター 27

>>> 守備戦術のスタイルⅠ
　プレッシング 28
　ハイプレス 30

ゲーゲンプレス ・・・・・・・・・・・・・・・・・・・・・ 32

守備戦術のスタイルⅡ
リトリート ・・・・・・・・・・・・・・・・・・・・・・・・・ 34

守備ブロック ・・・・・・・・・・・・・・・・・・・・・・・ 36

3バックでのブロック ・・・・・・・・・・・・・・・・ 37

攻守の切り替え
トランジション ・・・・・・・・・・・・・・・・・・・・・ 38

ポジティブトランジション ・・・・・・・・・・・ 40

ネガティブトランジション ・・・・・・・・・・・ 41

攻撃と守備はセットで考える ・・・・・・・・・ 42

世界の主流戦術
ハイブリッド型戦術 ・・・・・・・・・・・・・・・・・ 44

プレスとリトリート ・・・・・・・・・・・・・・・・・ 46

カウンターとポゼッション ・・・・・・・・・・・ 47

攻撃を構築する流れ
ゴールへのプロセス ・・・・・・・・・・・・・・・・・ 48

2章

BUILD UP
ゴールまでのプロセス①
「組み立て」 ・・・・・・・・・・・ 50

攻撃の組み立て
ビルドアップ ・・・・・・・・・・・・・・・・・・・・・・・ 52

4バックのビルドアップ
ピッチを広く使う ・・・・・・・・・・・・・・・・・・・ 54

ポジションどりの状況判断 ・・・・・・・・・・・・・・・・・・ 56

CBの持ち上がり ・・・・・・・・・・・・・・・・・・・・・・・・・・・ 58

インサイドハーフの動き ・・・・・・・・・・・・・・・・・・ 60

》》 3バックのビルドアップ

数的優位を作れる ・・・・・・・・・・・・・・・・・・・・・・・・ 62

ボランチのポジショニング ・・・・・・・・・・・・・・・ 64

WBのポジショニング ・・・・・・・・・・・・・・・・・・・・ 66

》》 ビルドアップからスイッチ

縦パスを入れる ・・・・・・・・・・・・・・・・・・・・・・・・・・・ 68

ロングボールを入れる ・・・・・・・・・・・・・・・・・・・ 70

BREAK DOWN

**3章 ゴールまでのプロセス②
「崩し」** ・・・・・・・・・・・・・・・・・・・ 72

》》 攻撃での崩しと牽制

サイド攻撃と中央突破 ・・・・・・・・・・・・・・・・・・・ 74

》》 サイド攻撃

サイドバックを起点にする ・・・・・・・・・・・・・・・ 76

ボールホルダーへのサポート ・・・・・・・・・・・・ 78

SBのオーバーラップ ・・・・・・・・・・・・・・・・・・・・ 80

》》 サイドチェンジ

相手を引き寄せる ・・・・・・・・・・・・・・・・・・・・・・・・ 82

逆サイドのポジショニング ・・・・・・・・・・・・・・・ 84

》》 中央突破

ギャップに入れる縦パス ・・・・・・・・・・・・・・・・・ 86

ギャップを作るパス交換 · 88

FWと2列目のコンビプレー · · · · · · · · · · · · · · · 90

ライン間でパスを受ける · · · · · · · · · · · · · · · · · 92

ドリブルを活用する · 94

ショートカウンター

直線的なパスを意識する · · · · · · · · · · · · · · · · · 96

人数をかけて連動させる · · · · · · · · · · · · · · · · · 98

長短のパスを使う · 100

PENETRATION

4章 ゴールまでのプロセス③ 「ニアゾーンへの侵入」 · · · · · · · · · · · 102

相手陣地への侵入と攻め方

ニアゾーンを攻略する · · · · · · · · · · · · · · · · · · · 104

ワンツーで崩す

ニアゾーンに入るワンツー · · · · · · · · · · · · · · · 106

浮き玉を活用する · 108

3人目の動き · 110

サイドからのスルーパス

DFの裏を狙う · 112

パスの方向と使う足 · 114

2列目からの侵入 · 116

サイドからカットイン

ドリブル突破の選択肢 · · · · · · · · · · · · · · · · · · · 118

5

シュートとパスの使い分け · · · · · · · · · · · · · · · · · · · 120

ワンツーで突破する · 122

⏵⏵ クロスボール

GKとDFの間を狙う · 124

低いグラウンダーのクロス · · · · · · · · · · · · · · · · · 126

受け手の走るコース · 128

⏵⏵ アーリークロス

アーリークロスの狙いどころ · · · · · · · · · · · · · · · 130

受け手の走るコース · 132

5章 FINISH ゴールまでのプロセス④ 「フィニッシュ」 · 134

⏵⏵ ゴールを決める動きとプレー

フィニッシュ · 136

⏵⏵ FWのオフ・ザ・ボール

DFの背後をとる動き · 138

オフサイドを考えて動く · · · · · · · · · · · · · · · · · · · 140

⏵⏵ FWのポストプレー

起点になるプレー · 142

フリックを使う · 144

ポストをフェイクに使う · · · · · · · · · · · · · · · · · · · 146

ワンツーとコントロール · · · · · · · · · · · · · · · · · · · 148

⏵⏵ FWの突破

ドリブルの進路 · 150

股抜きが有効 · 152

6章 TRANSITION 守備から攻撃のトランジション ‥154

▶▶▶ トランジション
- スピーディな展開を作る ‥‥‥‥‥‥‥‥ 156

▶▶▶ ハイプレス＆ショートカウンター
- 右利きの左CBを狙う ‥‥‥‥‥‥‥‥‥ 158
- 中央にパスを出させる ‥‥‥‥‥‥‥‥‥ 160
- GKまで下げさせる ‥‥‥‥‥‥‥‥‥‥ 162

▶▶▶ 堅守速攻
- 組織で攻める ‥‥‥‥‥‥‥‥‥‥‥‥‥ 164
- SBが上がるスペースを作る ‥‥‥‥‥‥ 166
- 相手のセットプレーがチャンス ‥‥‥‥‥ 168

▶▶▶ ポジション特性と特徴
- FW ‥‥‥‥‥‥‥‥‥‥‥‥‥‥‥‥‥ 170
- MF ‥‥‥‥‥‥‥‥‥‥‥‥‥‥‥‥‥ 172
- DF・GK ‥‥‥‥‥‥‥‥‥‥‥‥‥‥‥ 174

本書の特徴と見方

特徴1

実際のプレーを図解とAR動画で確認できる!

本書は図解を中心に解説しています。プレーを連続させて構成している項目もありますが、「OK」と「NG」を見比べることで、プレーの成否がひと目で分かります。また、AR動画連動マークがあるページは、CG動画でプレーを確認できます。

特徴2

プレーの考え方やポイントを理解すればサッカーIQが高まる!

本書は、主に動き方やポジショニングなど、戦術眼を養うためのノウハウを詰め込みました。個人個人の持つ技術を、どんな場面で、どんなタイミングで使うのがベストか。攻撃や守備を効率よく行うために考えるべきポイントなど。その知識を頭に入れることで、サッカーIQが高まりサッカー上達に役立つことでしょう。

図解の見方

矢印とプレーヤーの見方

矢印	
→	ボールの動き
--->	人の動き
〜〜>	ドリブル

プレーヤー	
	味方
	相手

ポジションの見方

FW / FW	→	フォワード
WG / WG	→	ウイング
SH / SH	→	サイドハーフ インサイドハーフ
VO / VO	→	ボランチ アンカー
SB / SB	→	サイドバック
WB / WB	→	ウイングバック
CB / CB	→	センターバック
GK / GK	→	ゴールキーパー

→ このマークがあるページはAR動画と連動しています。AR動画は、基本「OK」のプレーが掲載されています。

AR動画を見るための アプリの使い方

本書は、紹介しているプレーや動きを、AR動画で確認できます。専用のアプリを使い、「AR動画連動」アイコンが付いているページをスマホやタブレットでスキャンすることで、実際の動きが確認できます。ここでは、アプリのインストールから動画を見るまでの手順を説明していきます。

1 アプリをインストール

スマホやタブレットなどで、App Store (iPhone) か Google Play (Android) にアクセスし、無料アプリ「COCOAR 2」を検索インストールします。

2 インストール完了

画面にパンダのアイコンが出現するとインストールが完了し、アプリかんたん使い方ガイドの画面になります。操作を進めていき、スキャン画面から開始していきます。

3 ページをスキャン

アプリのスキャン画面を立ち上げ、見たいページをカメラで映します。オレンジの枠の中に入れてスキャンしましょう。緑色のピッチが画面いっぱいになるくらいアップにするとうまくいきます。

OKを
スキャン

4 動画をダウンロード

スキャンが成功すると、ダウンロードが実行されます。完了すると自動的に再生がスタートします。

5 動画をチェック

画面をタッチすると一時停止、再度タッチすると再生されます。スクロールを動かすことで、見ている映像を進めたり戻したりすることができます。

※ COCOAR2はスターティアラボ(株)が開発したスマートフォンとタブレットで利用できるアプリです
※ 機種のバージョン、電波状況によっては使用できない場合があります。COCOAR2の対応機種や注意事項を確認してください
※ 動画は2023年6月まで再生可能です。不慮の事故などによるサービス停止に関しては、弊社ホームページにて告知します

勝つための戦術のセオリー

サッカーは、それぞれ戦い方に特徴を出せる。
攻撃ではポゼッションとカウンターの戦術、
守備ではプレッシングとリトリートなど。
どんな戦術なのか、その特徴やセオリーを知ることが
勝てるチームを作るポイントだ。

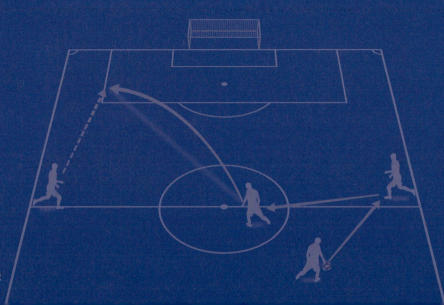

この戦術に注目！

POSSETION
ポゼッション

ボールを保持しながら相手を揺さぶり、攻撃を仕掛けていくのがポゼッション戦術

COUNTER ATTACK
カウンター

ボールを奪ったら少ないパスでシンプルにゴールに迫るのがカウンター戦術

PRESSING
プレッシング

相手が攻撃してくるのを自陣で迎えるのではなく相手陣内から果敢に守備をする

RETREAT
リトリート

自陣に下がりゴール中央にブロックを形成して強固なディフェンス組織で守る

TRANSITION
トランジション

守備から攻撃、攻撃から守備への切り替えを素早くし相手に時間を与えない戦術

01 Theory ▶ サッカーの目的

ゴールを目指す！

サッカーはゴールを目指し、ゴールを奪うスポーツ。そのために戦術や戦略を考える。サッカーの目的を忘れずにプレーしよう。

パスを回すことが目的になっている

横パスだけでは相手は怖くない

ディフェンスラインから攻撃を組み立てるビルドアップ。ボールを回しながら相手の状況を見るが、縦への意識が薄れている状態でのパス回しは避けよう。パスを回すのは相手を牽制するためであり、ボールを失わずに守るためではない。必ずゴールまでの道すじを考えながらボールを動かしていく。

パスを回すことを目的にしないように

パスをつないで組み立てていくのが攻撃のセオリーだが、パスを回すことが目的となってしまうケースは多い。ディフェンスラインで、横パスで左右に振るだけでは相手にとって脅威にもならない。ゴールを目指すために縦にボールを送り、攻め込む意識を強く持たないと意味がないのだ。リズムとテンポを大事にしながら、相手陣内に侵入するためのスイッチを心がけたい。

ゴールを奪うためにボールをつなぐ

目的はゴールを目指すこと。ディフェンスラインから、縦パスを入れて攻撃のスイッチを入れることを全員が考えながらプレーする。ただ、やみくもにボールを放り込めば良いということではない。相手を誘うパスだったり、展開したりして、相手守備陣を崩す必要がある。チームでビジョンを共有したい。

| 02 | Theory
戦術の考え方 |

ゴールを決めるために考える

戦術は、勝つために、ゴールを決めるために考える。どんな戦い方がベストなのか、チームの成熟度や相手によって選び、戦いに挑みたい。

戦術は勝利のために考える

　チームが考える戦い方、つまり戦術は1つだけではなく様々ある。バルセロナのようにポゼッションをベースにするチームもあれば、アトレティコ・マドリーのように堅守速攻をベースに戦うチームもある。プロなら監督が志向する戦術を採用するが、選手の特徴によって戦術を選ぶこともあるだろう。日本人なら日本人の特性に合った戦い方を、勝利のために考えていきたい。

→ ゴールを決めるまでのプロセス

ポゼッションサッカーでの攻撃イメージ

ビルドアップしてボールを運ぶ
↓
ボールをつないで相手を牽制
↓
サイドに展開したり中央突破で崩す
↓
パスワークで相手の守備にほころびを作る
↓

フィニッシュ

ポゼッションスタイルは、ボールをつないで左右前後に相手を振り、守備陣形に穴をあけてゴールまで目指すサッカー。高い技術力を持つチームが採用することが多い

堅守速攻での攻撃イメージ

相手の攻撃をどこで迎え討つかを考える
↓
自陣にリトリートしてブロックを形成
↓
ボールを奪ったらすぐ攻撃に切り替え
↓
スピードを生かしてカウンター攻撃
↓
シンプルにゴールを目指してボールを運ぶ
↓
フィニッシュ

堅守速攻スタイルは、人数をかけてしっかり守備をした後、ボールを奪った瞬間に縦にボールを送り、シンプルにゴールを目指すサッカー。相手の守備が整う前に時間をかけずにフィニッシュする

Theory 03
攻撃戦術のスタイルI①

ポゼッションサッカー

日本サッカーに浸透している戦術がポゼッションスタイル。よりコレクティブな戦い方ができ、強豪チームが多く採用している戦術だ。

ボールを持てば失点のリスクが減る

攻撃戦術の1つで、ボールを支配しながら攻撃していくのがポゼッションスタイルだ。自分たちでボールを持ち続ければ、攻撃される時間が少なく失点のリスクが減る。ボールを持ち続ければ有利に試合運びができるといった理由から採用するチームが多い。この戦術は確かな技術と個人戦術、チーム戦術が浸透していないとミスが増える。チーム力、結束力が重要になる。

→ ポゼッションサッカーに必要な能力

1 高い基礎技術

パス＆コントロールの技術精度が高いのはもちろん「速さ」も求めたい。速さとは、パススピードだけでなく、コントロールから次のプレーに移るときの速さも含まれる。そのためにも、ボールを受ける前の動きやポジショニング、判断も適切でないといけない。

2 相手を外せる能力

相手を外すとは、単にドリブルでかわすことではなく、動きで相手の逆をとったり距離を調整したり相手の視野を外すこと。ただし、ピッチを動き回って相手のマークを外すのではなく、ほんの少し自分がボールを受けられるスペースを作り出すための「外し」が正解だ。

3 個人の戦術眼

どんな戦い方をするのか、監督の言っていることをすぐに理解できる、高い戦術眼を持ちたい。現代サッカーはテクニックやフィジカルだけでは通用しない。頭を働かせ、そのときにどんなプレー、どんな動きをすればベストなのか、判断し決断できる選手になる必要がある。

04 Theory ▶ 攻撃戦術のスタイルⅠ②

バルサのポゼッション

バルサはポゼッションサッカーを哲学としている。小気味の良いワンタッチパスをつないで、相手にボールを触らせない。主導権を握る戦術だ。

  ショートパスで牽制してから展開

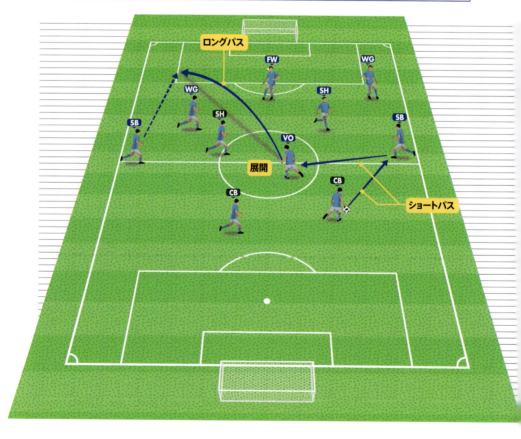

適度な距離を保ったポジショニング

バルサの特徴は、ビルドアップからショートパスをワンタッチでつなぎ、相手を誘い出してから逆サイドへ展開。一気にスピードアップしてゴールに迫る。せまいエリアでもパスを回せるよう、適度な距離を保ちながらダイヤモンドを崩さないポジショニングは秀逸。サッカーIQの高い選手が多い。

05 Theory ▶ 攻撃戦術のスタイルⅠ③

チェルシーのポゼッション

3バックのシステムを採用するチェルシーは、バランスの良いスタイル。ディフェンスラインとボランチでつないで、前線に縦パスを入れていく。

→ M字のポジションどりでボールをつなぐ

縦パス

M字のポジション

CB3人とVO2人の5人でパスを回して縦パスを入れてスイッチ

相手を誘ってから縦パスを入れる

チェルシーは3バックとボランチでM字を描くようにポジションをとり、ビルドアップで相手を誘い、前線の3人に縦パスを送って攻撃にスイッチを入れていく戦術だ。また、WGが高い位置をとり、ワイドからの攻撃も果敢に仕掛ける。攻撃に加えて守備でも強さを発揮するバランスの良いスタイルだ。

06 Theory ▶ 攻撃戦術のスタイルI ④

マンチェスター・Cのポゼッション

ペップことグアルディオラがマンチェスター・シティの戦術を変えた。以前からタレントは豊富だったが、最新の組織戦術を浸透させたのだ。

→ 5レーンというピッチを縦に区切る考え

トライアングルを作るための考え方

ペップがピッチを縦に4分割してトレーニングしている。5つのレーンに分けることで、ピッチ上でトライアングルを作る手助けをし、サポートの位置どりを分かりやすくしている。局面における優位性を生み出すための方法だが、従来サイドにいるSBを中に絞らせ、サイドでの被りを防いでいるのだ。

ピッチ上に優位性を確保し続けるポジションどり

ペップの基本スタイルはポゼッション。この戦術を突き詰め改良していくことで新たな新戦術をチームにもたらした。ポジショナルプレーと呼ばれるが、どんな状況でもピッチ上に優位性を確保し続けるためのポジショニングである。選手の位置どりを従来とは違うアプローチで設定し、状況によってフレキシブルに選手が動けるようにする。テーマはスペースメイクと活用だ。

 WGをサポートできるポジショニング

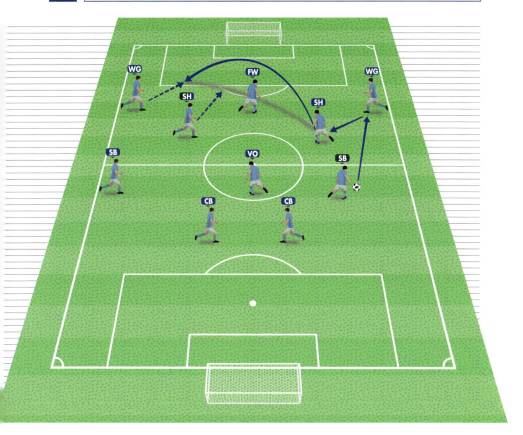

ハーフスペースを効果的に使える

SBがライン際にポジションをとらないことで、WGにフリースペースが生まれる。SBはサポートポジションがとりやすく、ボールをつなぐことが容易になる。また、ハーフスペースにいるSHがフリーになりやすく、ボールを受ければ一気に攻撃がスピードアップする。

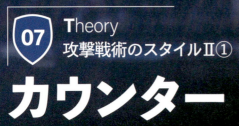

07 Theory 攻撃戦術のスタイルⅡ①

カウンター

ボールを奪ってから縦に速く攻め込むカウンター戦術。相手陣内にある広大なスペースを大いに活用することでシンプルにゴールを目指すことができる。

相手の守備が整う前に速攻を仕掛ける

　カウンターサッカーは、以前は対戦相手の実力が上回る場合に、攻め込まれているのをしのいだ後に、縦に速くボールを送りスピーディに相手ゴールに迫る戦術だった。しかし、近年はあえてカウンター戦術を選ぶチームも増えている。スペースがない現代サッカーで効率良く攻めるためには、守備陣形が整う前に手数をかけずにいち早くゴールへ向かうことが有効になるからだ。

→ カウンター戦術に必要な能力

1 切り替えの速さ

カウンターは、相手がボールを持ち攻撃をしている状況から、そのボールを奪って発動する。そのため、守備から攻撃への切り替えの速さが重要で、これらの状況を見ながら次のプレーに移る判断力が必要になる。ボールを奪うと想定し、どこに走ればパスがつながるかなども考えながら動き出すことが大事だ。

2 シンプルにプレーする

数本のパスで相手ゴールまで進むのがカウンター。そのため、ボールを奪ってからボールを持ってキープする時間などはない。なるべく早く前線にボールを運ぶために、最善となるプレーを選ぶ。シンプルにプレーする意識が乏しいと、ボールをこねたり無駄に横パスを出したり、カウンターのタイミングを逸してしまう。

3 スピードとパワー

速さが求められるカウンターは、スピードが必須。前線の選手にスピードがあったほうが有利なのは間違いない。また、一度FWにボールを当てることも多いので、相手をブロックしながら的確なポストプレーができる能力はほしい。スピードとパワーを持ち合わせたFWが1人いるだけで、カウンターの成功率は高まる。

08 Theory ▶ 攻撃戦術のスタイルⅡ②

レアルのカウンター

レアルは元来カウンター戦術ではないが、相手によってはポゼッションとカウンターを使い分けるチーム。前線の速さを活かした高速カウンターが武器だ。

→ 個のスピードを活かした高速カウンター

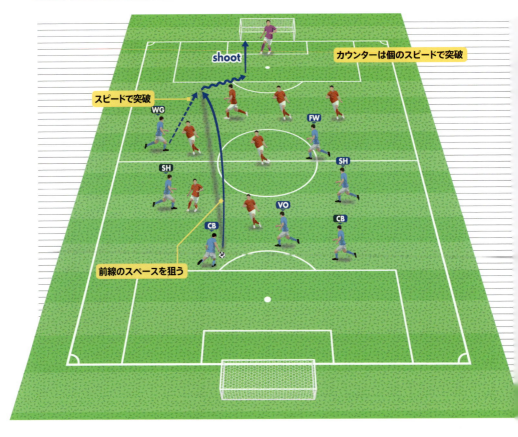

前線のスペースへのフィード

近年のレアルはポゼッションとカウンターを対戦相手によって使い分ける。個性のある選手が多く、技術がしっかりしているため、後方からの正確なロングフィードで一気にゴールチャンスを演出する。前線の選手のスピードを最大限に生かしたカウンターはとても魅力的だ。

09 Theory ▶ 攻撃戦術のスタイルⅡ③

ドルトムントのカウンター

ドルトムントはクロップ監督時代がプレス＆カウンターのお手本のようなチーム。選手がなだれ込むようなカウンターは圧巻だった。

 人数をかけた組織的なカウンター

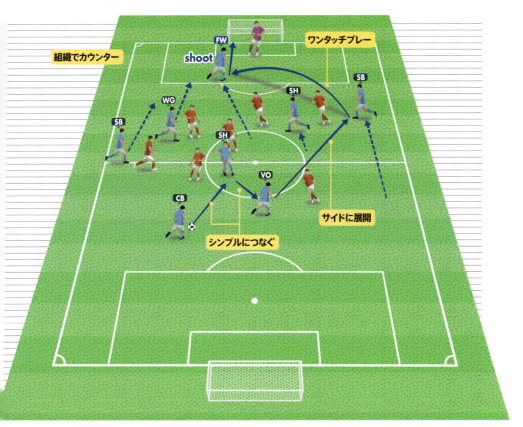

シンプルかつテンポの良いパス回し

ゲーゲンプレスからのショートカウンターが代名詞のクロップ時代のドルトムント。縦に1本のパスではなく、シンプルにパスをつないで人数をかけて一気に攻め込むのが特徴的だ。長短のパスを織り交ぜながら縦への推進力を上げていく。全員がよく走り、技術力が伴っているチームだった。

10 Theory
守備戦術のスタイルI ①
プレッシング

ボールホルダーに対して果敢にチェイシングする守備戦術がプレッシング。相手ディフェンスラインに圧力をかけ、相手陣内でボールを奪うことが狙いだ。

プレス&カバーを徹底させる

　プレッシングサッカーは前線から相手にプレッシャーをかけ、相手陣内でボールを奪ってマイボールにする守備戦術だ。激しいプレスをかけることによって、ボールを奪えなくても相手に余裕を持たせないことができるのでミスを誘える。プレッシング戦術は個人では成功させることはむずかしく、グループで連係し、プレス&カバーを徹底させることがポイントになる。

→ **プレッシング戦術に必要な能力**

1 アプローチの動きとタイミング

プレッシングは、相手のボールホルダーにアプローチにいく1stDFの動きとタイミングが重要だ。動きの質もそうだが、周囲の選手とのタイミングがズレてしまうとプレスをかいくぐられる。また、チームとしての狙いどころは決めておいたほうがいい。全員でプレスにいく必要はないが、前線の2〜3人くらいはバランスを見ながら動き出そう。

2 サポートの動きとタイミング

プレスをかけにいく選手がいれば、その後方にはサポートポジションに入る選手がいる。サポート選手をおくことでリスク管理ができるのだ。大事なのは、相手のパスコースを埋めること。そして選手同士の距離感を保つことだ。相手や状況によって距離感は変わるが、サポート意識を持たずやみくもに動いたらプレッシングは失敗する。

3 チームで連動する力

アプローチにいく選手とサポートの選手、そして、ボールを奪う選手。チーム一丸となって戦術を遂行することが大切。ボールを奪う位置はどこにするのか。サイドに追い込むのか、あえて中央にボールを出させてそこを狙い目とするのか。その後の攻撃を考えて、チームとして戦術を模索しつつ連動した動きを見せることが成功の秘訣だ。

11 Theory ▶ 守備戦術のスタイルⅠ②

ハイプレス

プレッシングの中でも相手ゴール付近からアプローチするのがハイプレス。攻撃的な守備戦術として、現在多くのチームが採用している。

1 相手陣内から人数をかける

陣形をコンパクトにラインを高くキープ

ハイプレスは前線の位置を相手陣内深くに設定する。そのため、自チームのディフェンスラインも高い位置を保つ必要がある。前線と最終ラインの距離が開いてしまうと、スペースが生まれプレスはかからない。全員のイメージを共有し、コンパクトな陣形でハイプレスをかけにいく。

ポゼッションチームへの対応策の1つ

プレッシングには、プレスをかけにいくエリアによってチームの色が見える。より攻撃的に挑もうと戦略を練っているチームは、なるべく相手ゴールに近い位置からプレスをかけにいく。ゴール付近でボールを奪えればショートカウンターでゴールに迫れるのがメリット。また、ポゼッション戦術をするチームに対して、ビルドアップをさせない対応策としても効果的だ。

2 相手をサイドに追い込む

スペースを生まないポジショニング

相手がディフェンスラインでボールをつないでくるが、サイドに追い込むように前線からアプローチをかける。1stDFがアプローチにいったら、2ndDF以降がポジションを上げながら相手との距離を詰めていく。中盤の選手もスペースをあけないポジションをとり、ボールホルダーを追い詰めていく。

勝つための戦術のセオリー

12 Theory ▶ 守備戦術のスタイルⅠ③

ゲーゲンプレス

ユルゲン・クロップが生み出したと言われるゲーゲンプレス。攻撃を効率化させるための守備方法として、2010年当時世界を驚かせた戦術だ。

→ **ボールを奪う位置をあらかじめ決めておく**

ボールホルダーに複数でプレスをかける

ゲーゲンプレスは、相手のパスコースを事前に予測(もしくは誘導)し、そこにボールが渡ったタイミングで一気にプレスをかけてボールを奪いにいく戦術だ。相手陣内深くで発動し狙いを定めたら複数人で相手を囲い込んでボールを奪う。相手の弱点を狙ったり、横パスを誘うような動きをする。

ボールを奪う位置をコントロールする

　ハイプレス戦術の中でも、ドルトムント（クロップ監督時代）が採用したのがゲーゲンプレスだ。ボールを奪う場所を限定し、そこを自分たちでコントロールしながらプレッシングをかけにいく。奪う位置をある程度決めることで、味方の動きがシンプルかつ分かりやすくなり、奪ったあとのカウンターも速く大胆な攻撃が可能に。攻撃のための革新的な守備戦術だ。

→ 横パスを出させるように仕向けて奪う

インターセプト後はショートカウンター

　プレスを受けた相手のボールホルダーは、横パスもしくはバックパスを出すことしかできなくなる。このパスのインターセプトを狙うのだ。相手ゴール近くでボールを奪えれば、すぐさまショートカウンターでゴールに向かえる。ただし、味方の連係や位置どりが悪いとかわされてしまう戦術でもある。

Theory 13
守備戦術のスタイルⅡ①

リトリート

前線から果敢に守備をするプレッシングの逆の考え方がリトリート。自陣に引いて守り、ゴールを守ることを目的とした守備戦術だ。

守備が整っていなければ自陣に下がる

　リトリート戦術は、自陣に下がってゴール前を固めて守る。力の差がある相手に対して採用することが多いが、ロングカウンターを主戦術としているチームも使う。ただし、現代サッカーでは、プレッシングをかいくぐられたり、守備陣形が整っていなかった場合に、一旦自陣に下がってリトリートすることのほうが一般的になってきた。プレスとリトリートを併用するのだ。

→ リトリート戦術に必要な能力

1 チームの意思疎通

プレッシング戦術ももちろんだが、守備は組織をどれだけ構築できるかが鍵になる。チーム全員が同じ方向を向いて戦うことが重要だ。1人でもやり方が違えば、そこを狙われ守備は破綻する。一朝一夕ではうまくいかないが、日頃のトレーニングで意思疎通をはかって実践していくことが大切になる。

2 ボールを奪う力

リトリートでもプレッシングでも、守備の本質はボールを奪うこと。自陣に引いてゴール前を守り、相手の攻撃を跳ね返すだけでは試合で勝つことはできない。自分たちの攻撃につなげるためにも、相手からボールを奪うという根本的なテクニックは、チーム全員が持たなければならない能力であり意識するべきことだ。

3 守から攻へ切り替える判断力

リトリートは自陣のバイタルエリアで相手に自由にプレーさせないことが目的。数的優位な局面を作り失点のリスクを少なくする。相手にある程度攻め込まれるが、自陣に誘い込めば相手陣内は手薄になる。ボールを奪えば、即座に切り替え、ロングカウンターで一気に相手ゴールへ向かう。切り替えを速くすることを常に意識したい。

14 Theory ▶ 守備戦術のスタイルⅡ②

守備ブロック

自陣に壁を作るようにポジションをとるのが守備ブロック。相手をマンマークするのではなく、受け持ちエリアを守るゾーンディフェンスが基本だ。

 3ラインを形成し陣形はコンパクト

各選手がゾーンを守る

守備ブロックはリトリート戦術のセオリーでもある。自陣に引きながら中央のスペースを埋めて、相手に侵入させないようにする。各選手は決められたゾーンを守り、ボールの位置によって、組織でスライドするなどして動く。ディフェンスラインはもちろん、中盤のラインを揃えることがポイントだ。

15 Theory ▶ 守備戦術のスタイルⅡ③

3バックでのブロック

3バックにしたときのブロック形成は、サイドのWBが最終ラインに入り、5バックにシステムを変えることで、強固な壁を作ることが可能だ。

→ 5バックにシステムを変形させる

WBが最終ラインに入る

3バック時のリトリートは、最終ラインを3人で守るよりは、5人に人数を増やすことで隙のない守備組織を構築できる。各選手の守るエリアがせまくなり相手の攻撃を跳ね返す力が増す。ボールを奪い攻撃に切り替えたら、WBは高い位置をとって攻撃に人数を割く。運動量のあるWBでないと務まらない。

16 Theory
攻守の切り替え①

トランジション

攻守の切り替えを速くすることは、現代サッカーでは当たり前になってきた。ただ、戦術家グアルディオラはより高度な戦術を取り入れている。

理想的なポゼッションサッカーになる

ペップ・グアルディオラは、攻撃をしていてボールロストしてから5秒以内にボールを奪い返すという「5秒ルール」を、バルセロナ監督時代からチーム戦術として採用している。相手陣内深い位置でボールを奪えれば、それだけゴールへの可能性も高くなるからだ。この戦術のおかげでボール保持率も高くなり、ペップが目指すポゼッションサッカーが可能になるのだ。

→ ボールロストから5秒以内に奪い返す

相手陣内で奪い返せばゴールにつながる

相手陣内に攻め込んでいるとき相手にボールを奪われた。この瞬間、攻撃から守備に切り替えて5秒以内にボールを奪い返す。数人でボールホルダーにプレスにいき、相手が攻撃の準備をする前にボールを取り返す。これを繰り返し成功させれば、相手に攻撃をされることはなくなる。

17 Theory ▶ 攻守の切り替え②

ポジティブトランジション

守備から攻撃に切り替えることをポジティブトランジションと呼ぶ。カウンターが得意なチームは、この切り替えを主要戦術としている。

 守備から攻撃へカウンターを仕掛ける

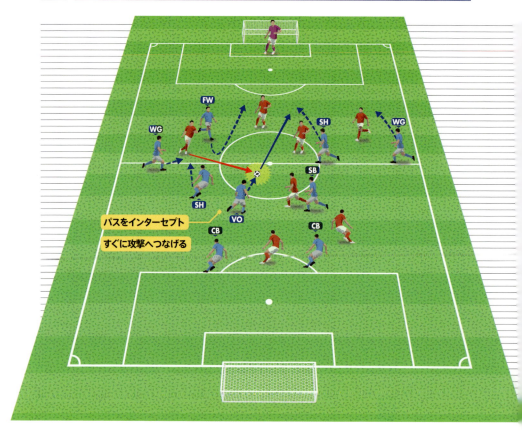

ボールを奪うエリアを設定する

守備から攻撃への切り替えをスムーズにするには、ボールを奪うエリアをチームで決めておくことが大切。前線からプレスをかけずとも、リトリートをしてからボールを奪い、すぐにカウンターへと切り替える。強い相手に対しては有効な戦い方である。

18 Theory ▶ 攻守の切り替え③

ネガティブトランジション

攻撃から守備に切り替えることをネガティブトランジションと呼ぶ。41ページのペップの5秒ルールもこれにあたり、守備の新戦術の1つである。

 ボールロストからすぐに奪い返す

ハイプレス戦術を採用しているチーム

ボールロストからの即時奪回をテーマに掲げているチームは、ネガティブトランジションを採用する。ハイプレスを主戦術とするチームは、この切り替え方法を重要視している。ボールを保持する時間も長くなり、攻撃を続けられるというメリットがある。

19 Theory ▶ 攻守の切り替え④

攻撃と守備はセットで考える

プレッシングサッカーが登場してからというもの、攻守の切り替えがどんどん速くなってきた。現代サッカーでは攻守一体で考える必要がある。

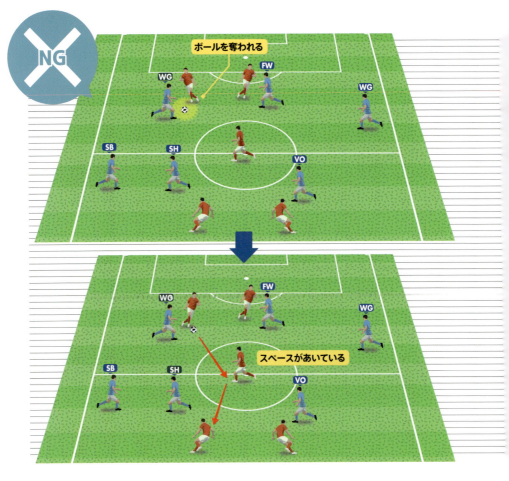

攻撃時のポジションバランスが悪い

攻撃をしているとき、前線と中盤の間にスペースができている。後方からのサポートがなく、ボールホルダーは孤立している。このようにポジションバランスが悪いと、ボールを奪われたあとに相手が余裕を持って攻撃できてしまう。スペースを作らないようにしなくてはならない。

バランスの良いポジショニングが鍵

攻撃と守備はセットで考える。つまり、攻撃は攻撃、守備は守備と分けて考えないことが大事になる。現代サッカーはスピーディな展開になることが多く、攻めていたのにちょっとした隙を突かれてカウンターを受けて失点というケースが起きやすい。それを防ぐためにも、守備への切り替えがしやすいバランスの良いポジショニングを攻撃時にとることがポイントになる。

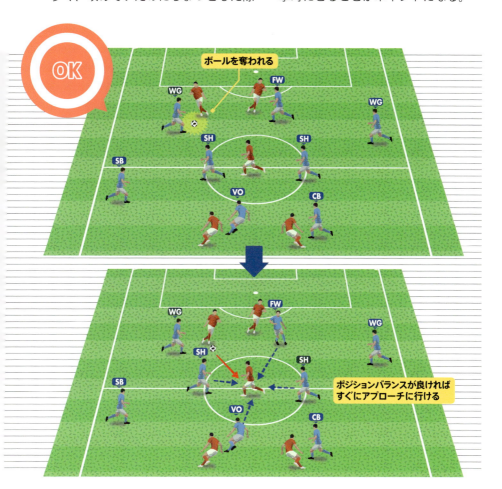

攻撃時のポジションバランスが良い

攻撃しているときに、後方からのサポートもあり、ポジションバランスが良ければ攻撃から守備になったときも、難なく対応できる。しかも、いち早く守備に移れるため、即座にボールを奪ってから再び攻撃に移ることが可能だ。攻撃時のバランスの良いポジショニングが、良い守備にもつながることを覚えておこう。

20 Theory
世界の主流戦術①

ハイブリッド型戦術

強いチームは、その場の状況で戦術を使い分ける柔軟性がある。志向しているサッカーがうまくいかないときは、変えることも必要だ。

状況によって戦術を変える最新戦術

ポゼッションサッカーやカウンターサッカー。守備ならプレッシングかリトリートと、チームの特色や監督によって採用する戦術は変わってくる。しかし、2014年ブラジルW杯で優勝したドイツ代表は、対戦相手やピッチ上での状況によって、これらの戦術を融合させたハイブリッド戦術を用いて圧倒的な戦い方を見せた。これが今後のサッカーの主要戦術になるに違いない。

 サッカーの局面の認識が変わる

従来の考え方

- ①マイボールのとき
- ②相手ボールのとき
- ③ボールを失った瞬間
- ④ボールを奪った瞬間

従来の局面は、マイボールのとき、つまり攻撃をする局面と、相手ボールのときに守備をする局面、そして、攻撃をしているときに相手にボールを奪われ守備に移る局面。その逆である、相手からボールを奪った局面の4つが基本だった。

最新の考え方

- ①マイボール＆相手の陣形が整っている
- ②マイボール＆相手の陣形が崩れている
- ③相手ボール＆自分たちの陣形が整っている
- ④相手ボール＆自分たちの陣形が崩れている

現代サッカーの局面は、もっと細分化され、状況によって攻守の対応が変わってくる。マイボールで相手の陣形が整っている状況では、速攻はできないのでポゼッションになる。相手の陣形が崩れているのであれば、ゴールに攻め込むチャンスなので、手数をかけずにカウンターを仕掛けていく。相手がボールを持っている局面では、自分たちの陣形が整っているのなら、バランスが良いはずなので前からプレッシングをかけていくのが良い。陣形が崩れているなら、その陣形を整わせるために、いったん自陣に引いてブロックを形成することが得策だ。

21 Theory ▶ 世界の主流戦術②

プレスとリトリート

高い位置でボールを失ったらハイプレスをかけていく。しかし、状況が悪ければ無理にプレスに行かず、リトリートに切り替えよう。

→ プレスをかいくぐられたら切り替える

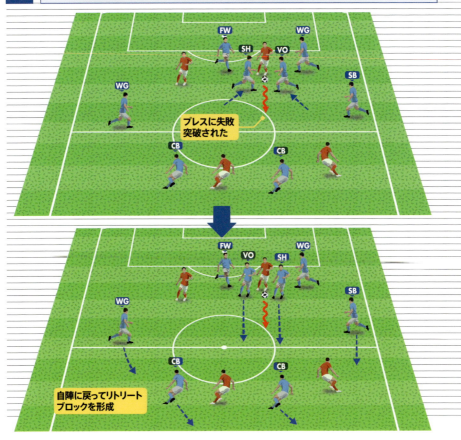

プレスに失敗 突破された

自陣に戻ってリトリート ブロックを形成

自陣に戻って陣形を整える

守備の主戦術がプレッシングなら、高い位置からプレスをかけにいく。ただし、ポジションバランスが悪く陣形が崩れている状況なら、自陣に戻って陣形を整えるほうが得策だ。プレスからリトリートに切り替える素早い判断力を持つことが大切。チーム全員の意思疎通も必要だ。

22 Theory ▶ 世界の主流戦術③

カウンターとポゼッション

相手からボールを奪ったら、時間をかけずにカウンターを仕掛けたい。ただし、やみくもに縦に送れば良いというものではないのだ。

縦一辺倒ではなく状況次第でつなぐ

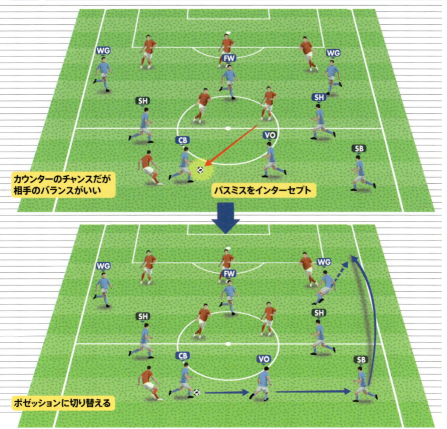

カウンターのチャンスだが相手のバランスがいい
パスミスをインターセプト

ポゼッションに切り替える

ゴールを奪うための最適解を間違えない

相手からボールを奪ったとき、相手の陣形が崩れているなら縦にボールを送ってカウンターを仕掛けても良い。しかし、相手の陣形に穴がなく、急いで攻めてもゴールの可能性が見えないときは、ポゼッションに切り替えて崩していくことがベストだろう。状況次第で判断を変えられる選手になろう。

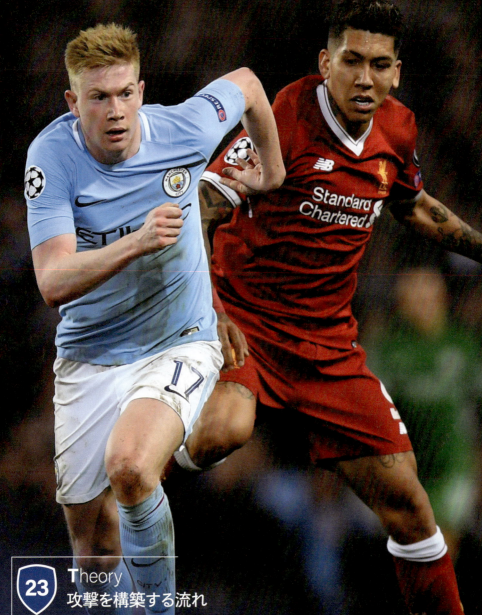

Theory 23
攻撃を構築する流れ

ゴールへのプロセス

攻撃を構築するためには、いくつかのプロセスを経ながら仕掛けていく。攻撃のセオリーとして覚えておこう。

ポゼッションでの攻撃方法

　ゴールまでの道のりは、カウンターならプロセスは飛ばしてしまうが、ポゼッションからの崩しを考えると4段階に分けられる。後方から組み立てるビルドアップでボールを運び、サイドを起点にして中央も狙う崩しの局面。相手陣内のバイタルエリアやニアゾーンへの侵入。そして、フィニッシュだ。これらの流れや崩しのポイントを2章から詳しく解説していく。

→ ゴールまでの4段階の流れ

1 ビルドアップ
後方からゲームを組み立てボールを運ぶ

2 崩し
サイドを中心にボールをつないで相手を牽制し、中央突破を狙いながら崩す

3 ニアゾーンへの侵入
ペナルティエリア深くやバイタルエリアへ侵入し、ラストパスやクロスを送る

4 フィニッシュ
ゴールを決めるためのプレーとオフ・ザ・ボールの動き、突破術

　2〜5章までは、自陣から攻撃を組み立てるビルドアップから、攻撃のスイッチを入れていく崩しと牽制。相手ゴール陣内に侵入してフィニッシュまでの流れとプレーのパターンを解説している。これを攻撃のセオリーとして一つひとつ確認してもらいたい。

2章 BUILD UP

ゴールまでのプロセス①「組み立て」

攻撃を開始するためには自陣からボールをつないで
ビルドアップをしていくことがセオリー。
この組み立て方次第で、その後の崩しや仕掛けに大きく影響する。
チームによってやり方はそれぞれだが、
ビルドアップのセオリーは覚えておきたい。

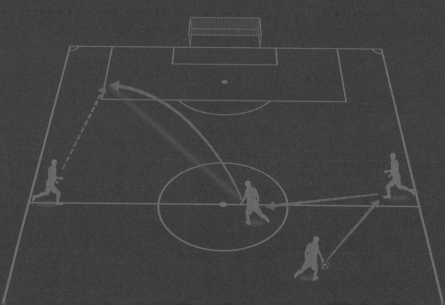

この戦術に注目！

4BACK BUILD-UP
4バック・ビルドアップ

4バックでのビルドアップは、2枚のCBとGKの3人で組み立てる。SBは高い位置にポジションをとり、状況によってはボランチがCBの間に下りる

3BACK BUILD-UP
3バック・ビルドアップ

3枚のCBとボランチにGKでビルドアップするのがベース。ボランチがCBの位置まで下がり、両サイドのCBを上がらせるパターンもある

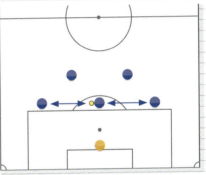

SWITCH
ビルドアップからスイッチ

自陣で横パスを回しているだけでなく、崩しのスイッチである縦パスを狙う姿勢を持ちたい。中盤や前線の選手と息を合わせよう

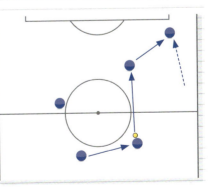

01 Build Up
攻撃の組み立て

ビルドアップ

現代サッカーで攻撃を構築するのは後方の選手の役目だ。GKやCB、ボランチが司令塔となり、巧みなパスワークでゲームを作っていきたい。

GKも含む全選手が
ビルドアップに絡む

　自陣で相手からボールを奪ったり、シュートなどがゴールラインを割りゴールキックになった。そこから速い攻めもできないが、相手が前からプレスをかけようともしない。そんな状況では、ボールを前に蹴らずに自陣からビルドアップで組み立てていきたい。GKも含むピッチ上の選手全員が組み立てに関わり、崩しの前段階としてボールを動かして攻撃を構築していこう。

02 Build Up ▶ 4バックのビルドアップ①

ピッチを広く使う

最終ラインで無理なくパスを回すには、相手がプレッシャーをかけづらいポジションをとることを意識したい。セオリーはピッチを広く使うことだ。

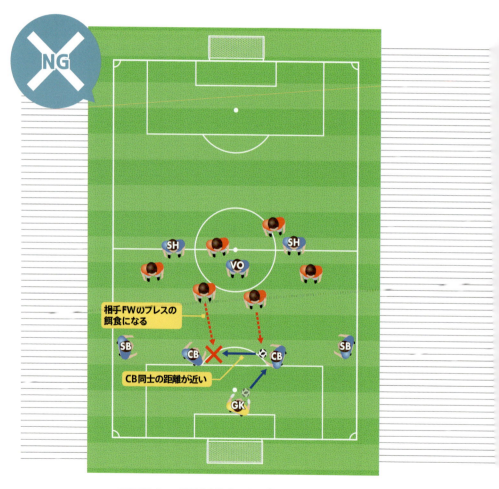

CB同士の距離が近いとプレスを受ける

　4バックを組んだとき、CBが2人と左右にSBが横一線に並ぶが、このポジションをとったまま最終ラインでパスを回すと、選手間の距離が短く、パス＆コントロールの時間がとれないため相手のプレスが効いてしまう。ここでボールを奪われたら失点のリスクが高くなる。

プレスにくる相手との距離を広げる

GKのゴールキックで大きく蹴るのではなく、最終ラインでていねいにつないで攻撃を組み立てていくには、ミスのリスクを最小限にしなければならない。そのためには、できるだけワイドに開いてピッチを広く使いボールをつなぐ。プレスをかけにくる相手をゴールから遠ざけつつ、ボールホルダーへの距離も広げる。焦らずパスを回せるポジショニングをとることが大切だ。

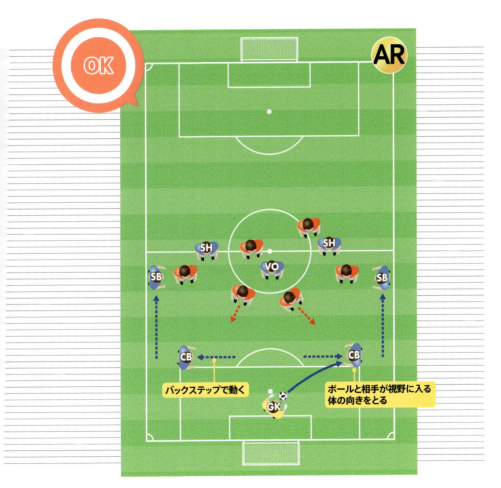

CBはワイドに動きSBが高い位置をとる

GKがボールを持ったら、両CBはタッチラインへ動いて距離を広く保つ。ペナルティエリアの枠くらいの幅を目安にポジションをとろう。GKとの距離も広がるため、GKを使ったビルドアップも可能になる。このときSBは高い位置をとり、相手のサイドの選手を引きつけよう。

03 Build Up ▶ 4バックのビルドアップ②

ポジションどりの状況判断

ビルドアップを成功させるには、状況に合わせたポジションをとる必要がある。相手の動き方次第でポジショニングを変化させよう。

→ 相手FWの動きに合わせてポジションをとる

相手のプレスが弱ければボランチは下がらない

両CBでボールをつなぐとき、相手FWがそれほど圧力をかけてこない。この状況なら両CBだけで余裕を持ってパスを回せる。ボランチは中央の位置でギャップ（スペース）に動きながらパスコースを作ることを考えてポジションをとる。

フリーな状況を作るための動き

　自分たちのビルドアップの形があったとしても、相手の出方次第でプレー方法を変える必要がある。相手が強い圧力をかけてプレスをしてくるのか、それとも最終ラインにはそれほどプレスをかけてこないで中央にブロックを敷くのか。相手がどんな守備方法をするかによって、ビルドアップのためのポジショニングは変えていきたい。フリーになるために動き方を考えよう。

→ ボランチがCBの間に下りて組み立てに参加

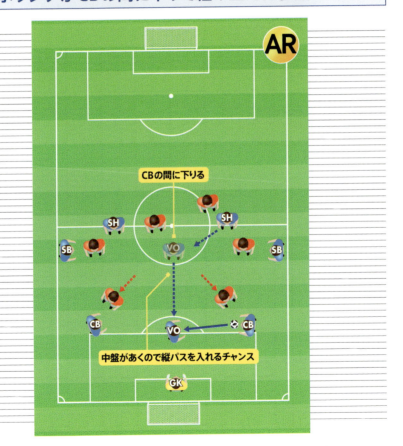

相手が両CBにプレスをかけたときのポジショニング

相手FWがワイドに開いた両CBをマンマークするようにプレスをかけにいった。この状況になったら、ボランチはCBの間に下りて、ビルドアップに参加する。局面で常に数的優位を作っておくことがポジショニングにおいて重要になる。

04 Build Up ▶ 4バックのビルドアップ③

CBの持ち上がり

CBはシンプルにボールを動かし戦況をうかがいたい。ただし、自分の前にスペースがあるのなら、ボールを高い位置まで自ら運ぶのプレーも有効だ。

スペースがあるのに横パスしか出さない

両CBがパスをつないで組み立てている。相手がプレスに来る気配がなく、ボールホルダーの前にスペースがある。しかし、ボールを運ぶことをせずに横パスを回しているだけのプレーになってしまっている。これだと攻撃にスイッチを入れることも、攻撃を活性化させることもできない。

最終ラインを底上げして攻撃を活性化

ビルドアップは、パスを回し続ければ良いというものではない。相手陣内に侵入するために、ボールを動かし、人が動いて攻略法を探るのが本来の目的だ。そのため、ボールホルダーのCBにプレッシャーが来ないのなら、CBはドリブルで持ち上がり、最終ラインを底上げしていきたい。相手の守備陣を下げて相手陣内でのプレーを増やせば、多くのチャンスが作れる。

ドリブルでボールを運んでラインを押し上げる

ボールホルダーのCBは、状況からボールを持ち運べると思ったら、周囲を見ながらドリブルを開始する。最終ラインを押し上げ、相手陣内に侵入し相手にプレッシャーをかけよう。持ち運びながら前線の状況を把握し、スペースがあるのなら縦パスを出して攻撃にスイッチを入れる。

05 Build Up ▶ 4バックのビルドアップ④

インサイドハーフの動き

ビルドアップでスムーズにボールを運ぶには、ポジションかぶりを避けなければならない。味方の位置どりからベストなポジションを探そう。

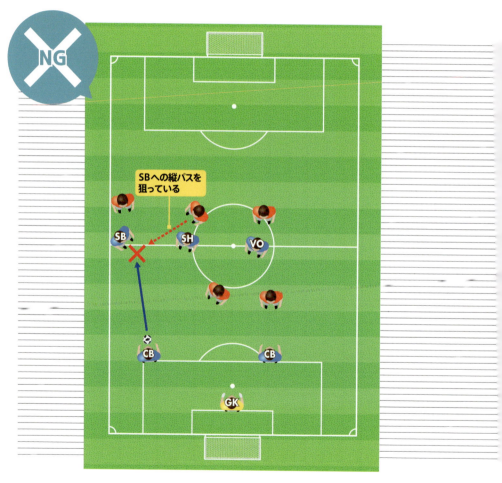

SBとインサイドハーフのポジションが近い

CBからSBへパスが入るシーン。SBは高いポジションをとっているが、インサイドハーフが近くにいるため相手のマーカーも近くにいる。この状況では高い位置にいるSBへのパスは狙われやすく、体の向きが作れずバックパスしか出せない状態に陥りやすい。

ポジションかぶりを避ける位置どり

ボランチもそうだがインサイドハーフなどの中盤の選手も、ビルドアップ時のポジショニングは状況次第で変えていきたい。相手の守備の網に引っかかるときは、選手の位置どりがかぶって、距離感がせまくなり相手のプレスの餌食になることが多い。近くにいるSBやボランチとかぶらないポジションを探し、タイミング良く動いてフリーになってビルドアップに参加しよう。

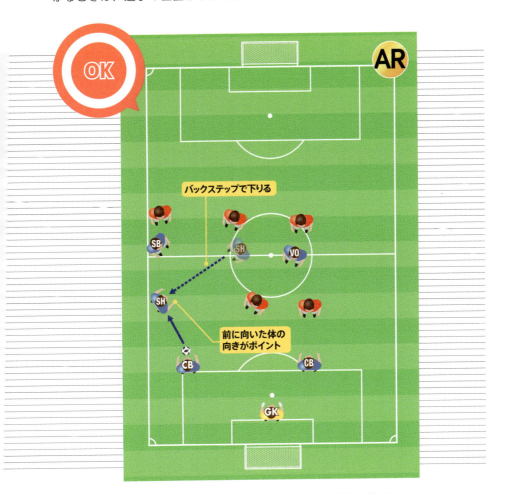

インサイドハーフがSBとCBの間に動く

SBが高い位置をとったなら、インサイドハーフがCBとSBの中間の位置まで下りてきてビルドアップに参加する。相手がついてこなければ、前を向いてボールを受けることができる。レアル・マドリーのクロースは、この動きでゲームをコントロールしている。

06 Build Up ▶ 3バックのビルドアップ①

数的優位を作れる

現代サッカーで採用する最終ラインは、4バックか3バックのどちらかになる。3バック時でのビルドアップは何が違うのだろうか。

→ 相手の2トップに対して数的優位を作れる

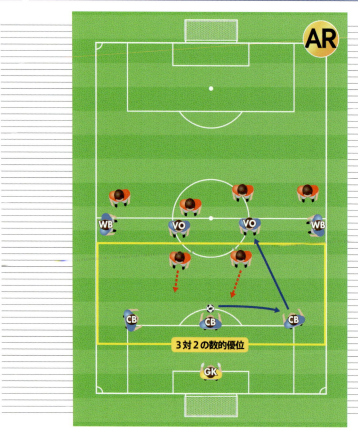

左右のCBはピッチを広く使えるポジショニング

4バック時の2CBだと、相手の2トップに対して数的同数になるため、ビルドアップ時はボランチが下がったりする必要があるが、3バックなら、はじめから数的優位を作れるため、余裕を持ったビルドアップが可能となる。左右のCBはピッチを広く使うポジションどりを心がけよう。

左右のCBが攻撃の起点となる

　2CBの4バックと違い、CBを3人配置する3バックは、守備面での強化が期待できる。ただ、現代サッカーのCBは足下の技術も持ち合わせなければならない。ビルドアップするためのポジションどりとパスワークは必須になる。4バックとの違いは、相手の2トップや1トップに対して数的優位を作れることだ。左右のCBが攻撃の起点となれればチャンスは自ずと増える。

→ 左右のCBが攻撃の起点となってプレーする

左右のCBは攻撃的な意識を強く持つ

　3バックにしたとき、左右に配置されるCBが攻撃の起点となり、前線へのフィードや縦パス、ドリブルでの攻め上がりを意識してプレーする。左右のCBが攻撃的な意識が低いと、局面が変わらず攻め込むためのビルドアップにならない。

07 Build Up ▶ 3バックのビルドアップ②

ボランチのポジショニング

3バック時のビルドアップでボランチのポジションを調整しシステムを変更することで、相手の混乱を起こしつつ攻撃の変化を狙う。

 ボランチの1人がポジションを大きく変える

最終ラインの一角にボランチが入る

3バックのビルドアップから、よりサイドを起点とした攻撃に変化させるために、ボランチがCBの位置に下りて4バックを組むようにポジションチェンジする。左右のCBはSBの位置まで移動し、サイドのWBはウイングの位置までポジションを移す。

サイド攻撃を意識したポジションチェンジ

　より高い位置に人数を割きたいときや、ボランチにビルドアップに秀でた選手がいる場合は、左右のCBをSBのようにポジションを上げ、ボランチ1人がディフェンスラインに入って4バックにして組み立てる。サイドの高い位置に選手が多く配置されるので、サイドを起点とした攻撃が強く意識される。中央に残ったボランチがバランスをとりながらビルドアップしていこう。

4バックに変化させて攻撃を組み立てる

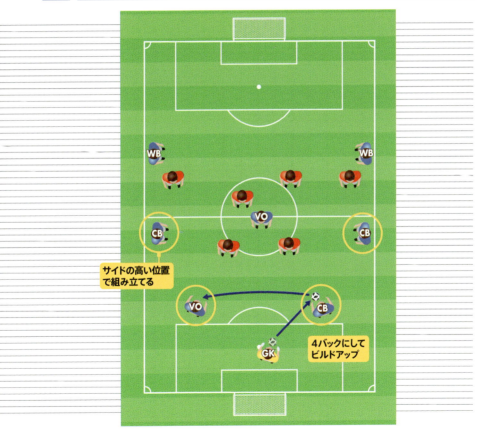

サイドに人数を多く配置する

　4バックにしてビルドアップをするが、左右のCBがSBのポジション。WBがWGのポジションまで上げることで、サイドにボールを集めて攻撃を仕掛ける狙いだ。サイドを活性化させることと、相手を中央からサイドに分散させることになるので、相手陣内にスペースを生み出すことにもつながる。

08 Build Up ▶ 3バックのビルドアップ③

WBのポジショニング

WBに配置される選手はSBの選手が多く守備的なポジションをとりがちだ。しかし、幅と深さを取るためにも攻撃的により高い位置どりを意識する。

ポジションがかぶるとパスが出せない

3バックから4バックにしたとき、左右のCBがSBの位置に上がるが、WBの選手のポジショニングが中途半端だと、ポジションかぶりが起きてボールを引き出すことがむずかしくなる。適度な距離を保ち、相手のマーカーを引き離すことが必要だ。

タッチライン沿いの高い位置に動く

前ページで3バックから4バックにした狙いは、サイドを起点に攻撃を仕掛ける狙いがあるが、このときのサイドにいる選手のポジショニングが曖昧だと、せっかくのポジションチェンジが効果的ではなくなってしまう。左右のCBとWBがかぶらないよう、WGはタッチライン沿いの高い位置に動く。このポジションをとれば相手のSBを引きつけることにもつながる。

WBが高い位置にポジションをとる

WBはタッチライン沿いに高い位置まで上がる。オフサイドラインを注意しながら、マーカーとなる相手のSBと駆け引きをしよう。もし裏のスペースがあき、最終ラインからのロングフィードが成功すれば、相手陣内の深い位置までボールを運ぶことができる。

09 Build Up ▶ ビルドアップからスイッチ①

縦パスを入れる

ビルドアップでCB同士の横パスに終始してしまうのをよく見かける。この状況を打開していくために、縦パスの意識とスペースメイクが重要だ。

横パスだけでは崩しに入れない

ディフェンスラインで横パスを回すのは、相手の牽制も含めて必要なこと。ただ、前線への意識が低い状態でのパス回しは意味がない。崩しに入れなければ相手は怖さを感じないからだ。FWや中盤の選手への縦パスを意識しながらボールを動かすことを肝に銘じておこう。

スペースメイクを意識した動き

　横パスだけではいつになっても攻撃に移れない。最終ラインでボールをつなぎながら、攻撃のスイッチとなる縦パスを入れていくのが本来のビルドアップの狙いだ。縦パスを入れるといっても、味方のFWに向かってボールを蹴り入れれば良いのではなく、周囲の選手の動きによるスペースメイクをする必要がある。相手を動かすためのオフ・ザ・ボールの動きを意識しよう。

FWへの縦パスを入れるための周囲の動き

なにもアクションも起こさずに縦パスを入れてもそう通ることはない。そこで、パスの受け手や周囲のオフ・ザ・ボールの動きが重要になる。FWへのパスコースをあけるためには、周囲の選手が動いてギャップを作り出す。連動した動きになれば、パスコースがあいて縦パスを入れられる。

10 Build Up ▶ ビルドアップからスイッチ②

ロングボールを入れる

相手ゴールを脅かすためにも、相手のディフェンスライン裏への意識は強く持とう。ロングボールは相手にとっても嫌なプレーになる。

FWの動き出しがないと裏を狙えない

ビルドアップ時にFWの動き出しがまったくない。相手のディフェンス陣は、FWの裏への狙いがないと分かれば、ディフェンスラインを押し上げられ、コンパクトな守備組織を作ることができる。徐々にビルドアップも苦しくなり、バックパスせざるを得なくなる。

前線へのフィードを最優先と考える

ビルドアップ時のパスの優先順位は前線にいるFWが第一位。それも、相手ゴールに近いエリアになる。FWがペナルティエリア内にタイミング良く動き出し、そこへのパスが狙えるなら、躊躇せずにCBはロングフィードを繰り出そう。FWは最終ラインの裏への走り出しを繰り返し狙うが、スペースがないなら、くさびのプレーに即座にチェンジする対応力を持ちたい。

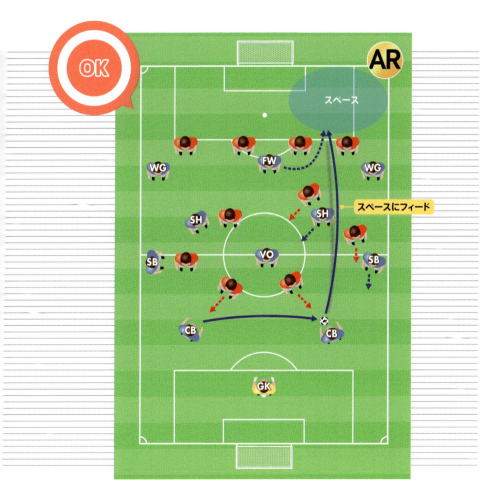

FWの裏への動きがあればロングボールを狙える

FWや周囲の選手の動き出しがあれば、ビルドアップから攻撃のスイッチを入れられる回数が増える。相手ディフェンスライン裏のスペースにロングフィードが通れば、一気にゴールチャンスになる。これら裏を狙う動きを見せることで、相手の守備組織を崩す足がかりにもなり攻撃が活性化する。

3章

BREAK DOWN

ゴールまでのプロセス②
「崩し」

相手を崩すプレーは簡単ではない。
どう崩していくかは世界のトップチームにしても
永遠の悩みであり醍醐味でもある。
相手の状況によっても崩し方は変わってくるが、
ここでは崩しのセオリーとも言える
サイド攻撃と中央突破を中心に紹介する。

この戦術に注目！

SIDE ATTACK
サイド攻撃

サイド攻撃は現代サッカーでも普遍だ。サイドからの攻めをベースに考え攻撃を形にしていく。崩しのキッカケとしてサイドを攻略しよう

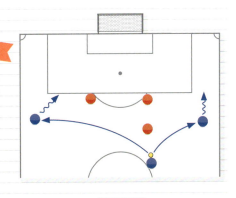

CENTER ATTACK
中央突破

ゴールに近づくためには最終的には中央突破も視野に入れてプレーしたい。このせまく固い局面をどう打破するのか。あらゆる戦術を練って攻略しよう

SHORT COUNTER
ショートカウンター

ボールを失ってから自陣に戻って守備陣形を固める速度は驚くほど速い。守備の人数が揃う前にゴールをこじあけるためにも、ショートカウンターを武器にしたい

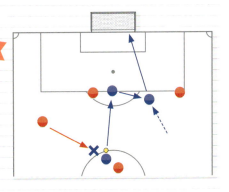

01 Break Down
攻撃での崩しと牽制

サイド攻撃と中央突破

どのチームも崩しの局面に悩みながらプレーしている。現代サッカーの強固な守備網を打ち破るために、あらゆるアイデアを使って攻め込んでいきたい。

サイドを起点に中央を狙っていく

　ビルドアップだけでは相手は何も怖くない。そこから、相手ゴールを脅かすための仕掛けが必要になる。ボールを相手陣内に運び、そこから崩すまでの戦術や仕掛けのパターンを、チームとして多く持つことがポイントになる。サイドを起点に攻めつつ、ボールを動かし相手を牽制しながら守備組織に穴を作ったら、中央を狙って攻撃のスイッチを入れていくのがセオリーだ。

ゴールまでのプロセス② 「崩し」

02 Break Down ▶ サイド攻撃①

サイドバックを起点にする

相手のゴールに近づくには中央突破が効率的だが、簡単に打ち破れるほど甘くはない。中央を牽制しつつ、サイドを起点に攻撃を仕掛けよう。

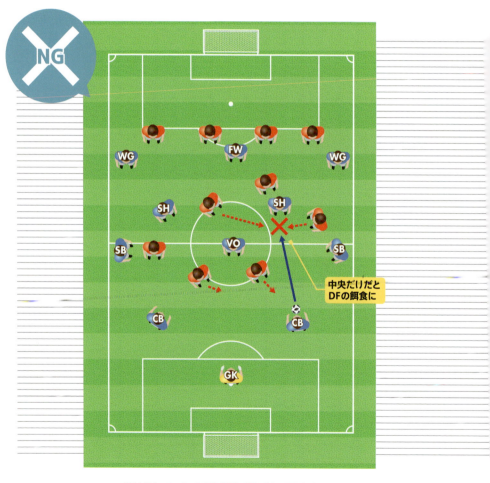

単純な中央突破だと相手に囲まれる

攻撃を仕掛ける際、単純に中央にボールを送り込むだけでは、相手に囲まれてボールを失ってしまう。崩しのセオリーは相手DFを動かしてギャップを作り、そこを攻めていくこと。相手を揺さぶるパスワークや動きを入れていかないと、崩していくのはむずかしいだろう。

SBはタッチラインを背にボールを持てる

相手陣内に攻め込んで守備網を崩していくが、ここでSBを起点に攻撃を組み立てる戦術を有効活用したい。なぜなら、中央は選手が固まり、スペースもなくプレッシャーが強い。ここに単純にボールを入れても相手の餌食となる。そこで、サイドにボールを渡してから攻め手を考えていく。SBはタッチラインを背にしているため、相手に囲まれる心配もなくボールを持てる。

サイドから攻撃を組み立て中央を狙う

中央に相手が固まっているなら、一度サイドにボールを送り相手のポジションを広げたい。SBにボールを送り、そこからどう攻撃を仕掛けていくのかを考えよう。周りの選手は、ボールホルダーへのサポートポジションに動き、パスコースを確保しつつ、仕掛けのタイミングをはかっておこう。

03 **B**reak Down ▶ サイド攻撃②

ボールホルダーへのサポート

サイドに攻撃の起点を作ったとき、そこからどうボールを動かしていくのか。チームの共通認識が必要だ。ベストなポジショニングを知っておこう。

→ 周りの選手がサポートポジションに動く

パスコースを2つ以上作る

サポートポジションは相手のポジションによって動く位置が変わる。ボールホルダーより後方にいるCBなら、ボールホルダーの斜め後方、ボランチやサイドハーフは相手とかぶらない中間ポジションをとる。必ず2つ以上のパスコースを作るようにしよう。

ゴールを目指す裏への動き出しも大切

　SBにボールを入れたあと、大事になるのが周りの選手のポジションどりだ。SBを孤立させないようサポートできるポジションに動くことがポイントになる。どこにポジションをとるかは、相手の位置にもよるが、最低パスコースを2つは作れるようにしたい。サポートポジションといっても、狙うはゴールなので、相手のディフェンスラインの裏への動きも忘れずに。

→ ゴールへ向かうオフ・ザ・ボールの動き

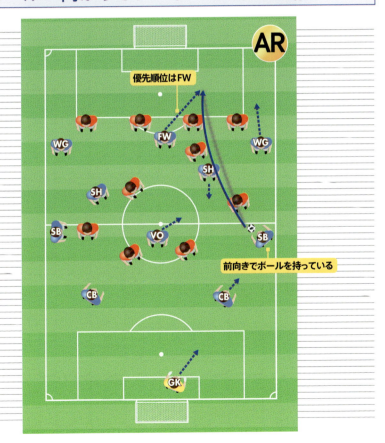

ディフェンスラインの裏に走り込む

SBにボールが渡ったとき、前向きでロングパスが狙える状態にいるなら、前線にいるFWやWGは積極的にディフェンスラインの裏への飛び出しを狙おう。攻撃の優先順位はゴールに向かうパス。狙える状況なのに狙わない消極的なプレーはなるべく避けたい。

SBのオーバーラップ

サイド攻撃に厚みを加えるには、後方からのオーバーラップは必須。状況を見ながらタイミング良く攻め上がるポイントを知ろう。

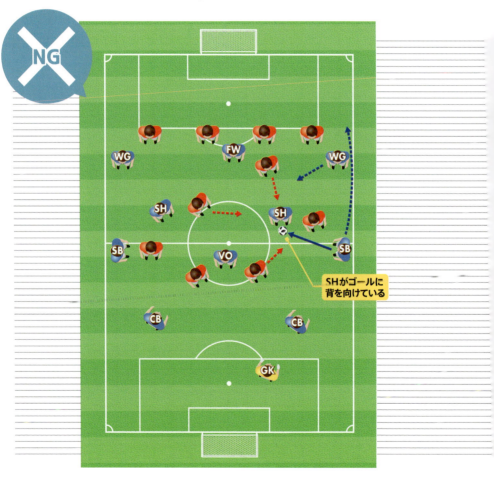

SHがゴールに背を向けている

ボールホルダーが後ろ向きの姿勢

ボールホルダーのSHがゴールに背を向けてボールを受けている状況。この状態でSBはオーバーラップしても、そこにパスが出てくる確率は低いだろう。オーバーラップするよりは、斜め後方にサポートポジションに動くのがセオリーだ。

ボールホルダーの状況を見て上がるか決める

　SBのオーバーラップは、攻撃のバリエーションを増やすためにもなくてはならないプレーだ。SBの果敢な攻め上がりが、相手の守備網を崩すキッカケにもなる。ポイントはSBの上がるタイミングだ。どんな状況でもオーバーラップすれば良いというものではなく、ボールホルダーや周りの味方の状況を確認しながら、ベストなタイミングで動き出すようにしよう。

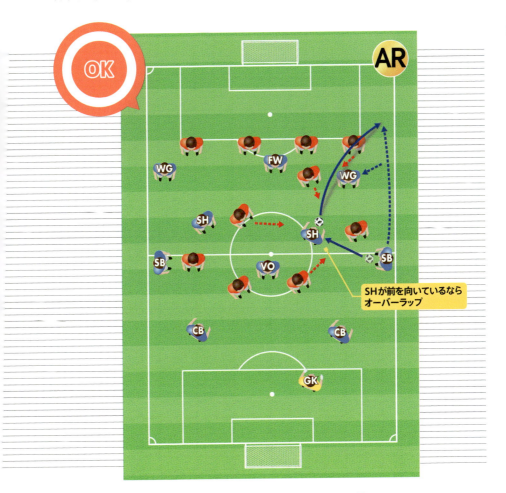

ボールホルダーが前向きの姿勢

パスを受けたボールホルダーとなるSHが前向きでボールを持っていたら、次のプレーとなるパスの選択肢は前になるだろう。この状況なら、SBは迷わずオーバーラップしたい。ボールを持つSHのプレーの選択肢を増やすためにも、タイミングを見ながら動き出そう。

05 Break Down ▶ サイドチェンジ①

相手を引き寄せる

サイドチェンジは、集中している局面から脱出したいときや攻撃のリズムを変えるときに有効なプレー。どんなタイミングで使うかがポイントになる。

相手に誘いを仕掛けなければ失敗する

相手守備陣が、ピッチ上でバランス良く守れている状態でサイドを変えようとしても、失敗するだけの無駄なプレーとなってしまう。まずは、相手の守備のバランスを崩すために、ボールをシンプルにつないで誘いを仕掛ける必要がある。

パスをつないで相手を誘う

サイドを大きく変えるサイドチェンジを成功させるには、まずはキック精度を求めたい。ピッチ幅が68mあるため、40mを越える距離を正確に蹴れる技術が必要だ。できるだけ、ストレートになるボールが望ましい。次に重要なのが、相手を一方のサイドに引き寄せてから展開すること。ショートパスをつないで誘い、相手守備陣のバランスを崩してから一気に変えよう。

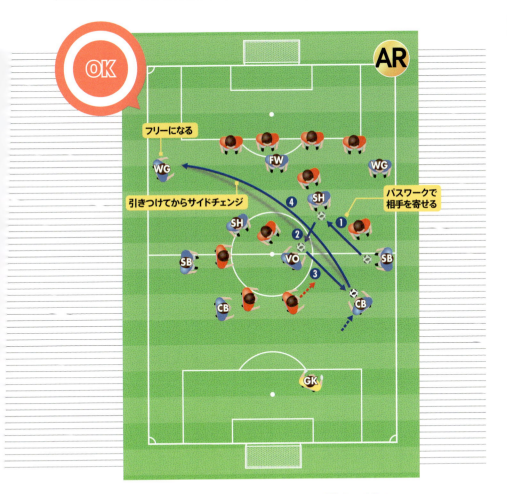

ボールをつないで同サイドに引きつける

同サイドでシンプルに数本ボールをつなぐと、相手は動かされて、全体的に片側のサイドに寄せられる。一見、攻撃意志がないようなパスワークでも、相手を引きつけるという狙いがあり、パス交換を繰り返すことで必ず守備のほころびが出る。かたよりが出たタイミングでサイドチェンジしよう。

06 Break Down ▶ サイドチェンジ②

逆サイドのポジショニング

チームの共通認識が一致していないとプレーは成功しない。サイドチェンジもチームとしての決め事を作り、意思の疎通をはかっておこう。

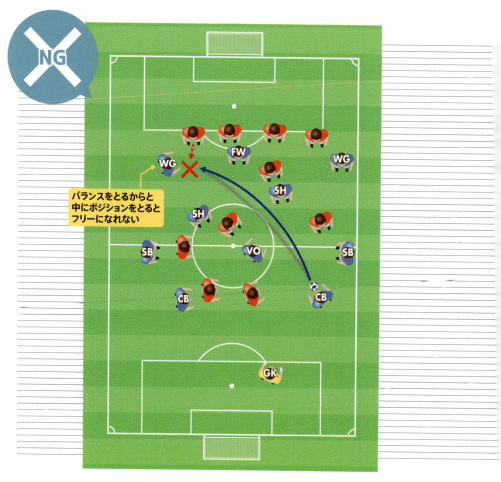

バランスをとるからと中にポジションをとるとフリーになれない

内側に絞るとマークを剥がせない

攻撃の組み立て時のチームバランスを考えたとき、コンパクトに布陣を組む(ポジショニングする)のがセオリーだ。しかし、逆サイドのWGがポジションを内側に絞りすぎてしまうと相手のマークを外せず、サイドチェンジを有効活用しづらい状況になる。

受け手はフリーになれるポジションをとる

　サイドチェンジをするときは、パスの出し手側だけでなく、受け手側も準備すべきことがある。ボールをつないでいるとき、チーム全体のバランスが崩れるのを避けるため、ポジショニングをコンパクトにすることがセオリーだ。しかし、サイドチェンジの受け手であるWGは、味方との距離を広げるためタッチラインにポジションをとり、フリーな状況になっておく必要がある。

タッチライン沿いにポジションをとる

局面を打開するためにサイドチェンジを活用していくのなら、サイドにいるWGは、あえて内側に絞らずタッチライン沿いにポジションをとると良いだろう。相手のマーカーが中央に絞っているので、フリーでボールを受けられる。パスを受けたあとに大きなチャンスが作れる。

07 Break Down ▶ 中央突破①

ギャップに入れる縦パス

相手のゴールにせまるには、パスを回すだけでなく前線への仕掛けが必要。前線の選手が動きながら連携して、相手が守る中央を打開していこう。

前線が動かないとバイタルエリアはあかない

中盤でボールを回しているとき、攻撃のスイッチを入れるために縦パスを入れていきたいが、前線の選手にスペースメイクの動きがないと、ギャップは生まれずパスを入れることは不可能だ。このどん詰まりを解消するためにも、前線の選手のスペースを作る動きが必要になる。

スペースメイクのための動きを意識

ゴールに近づくためには、バイタルエリアへの侵入方法を考えなければならない。サイドにボールを散らしたあと中央へ戻し、そこから縦パスをどう入れていくのかをチームで決めていきたい。重要なのは、トップの位置にいるFWを起点とするための周りの動き。縦パスを通すために、ギャップを作り出すスペースメイクのためのオフ・ザ・ボールの動きを意識しよう。

動きによって作ったギャップで縦パスを受ける

相手の守備ブロックを打ち破るには、バイタルエリアにスペースを作らなければならない。そのため、マークにつく相手を動かすための動きがポイントだ。中盤のSHは、周囲の状況を見ながら動いて相手を釣り出してギャップを作る。そこにFWが下りてVOからの縦パスを受けて攻撃の起点となる。

08 Break Down ▶ 中央突破②

ギャップを作るパス交換

ギャップを生み出すにはどんな仕掛けが必要なのか。相手もそう簡単に中央にスペースをあけない。大事なのは相手を動かすパスワークだ。

横パスだけではスペースは生まれない

中盤での単純な横パスだけでは相手の守備組織を崩すことは不可能だ。リズムを変えたり、あえて相手のふところにボールを出し入れするなどをして、相手を動かす必要がある。それでも局面が動かなければ、サイドチェンジなど展開してやり直すのも良いだろう。

角度をつけたパス交換を連続させる

守備組織がしっかり構築されているチームに穴を作るのはとてもむずかしいミッションだ。単純でわかりやすいパス交換ではそうそうギャップは生まれない。ギャップを作るためには、連続したワンタッチでのパスを、角度をつけながら行いたい。ボールを出し入れするとも言うが、前線に一度当てるなどして相手を動かし、徐々にでもスペースがあくよう牽制していこう。

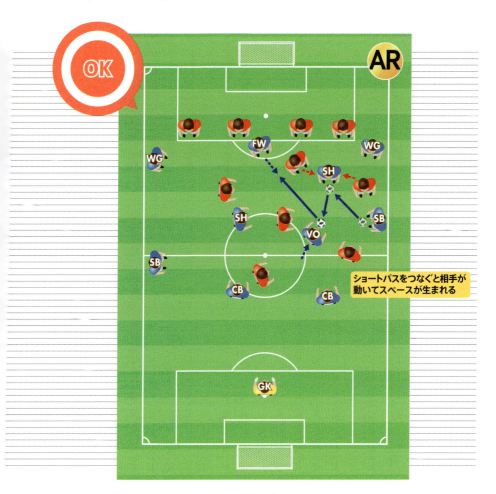

ショートパスをつなぐと相手が動いてスペースが生まれる

相手を動かすシンプルなパスワーク

相手を動かせばギャップが生まれる。もっともシンプルで有効な手段がショートパスをワンタッチでつないで相手を引きつけるプレーだ。リスクヘッジのためにもパスは足下。選手間に角度をつけることがポイントだ。バルサのようにポジショニングを的確にしてパススピードを速くしたい。

09 Break Down ▶ 中央突破③

FWと2列目のコンビプレー

FWに縦パスが入ったら、ペナルティエリアに侵入してフィニッシュまで持ち込みたい。前線でのコンビプレーは重要な仕掛けの武器となる。

 FWへのサポートポジションに動く

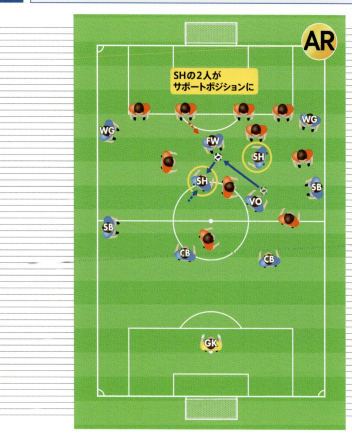

次のプレーを考えながらポジションをとる

VOからFWへの縦パスを出すと同時に、2列目の中盤の選手はサポートポジションに動くよう意識を持とう。相手のマークを外しながら、どの位置でパスを受けられるかを考えてポジションをとる。そして、その次のプレーに何をするのかまで考えられるとなお良い。

FWの選択肢を増やすために動く

縦パスが入ったらそれが仕掛けのスイッチとなり、一気にゴールを脅かしたい。FWが起点となり、2列目とのコンビネーションで最終的にはシュートまで持ち込もう。ポイントは、FWのサポートに入る選手と裏を狙う選手に分かれ役割を担うこと。FWはサポート選手にポストで落としてもいいし、裏へ走る選手へパスを出しても良い。周りはFWに選択肢を増やしてあげよう。

 ### ディフェンスラインの裏へ動く

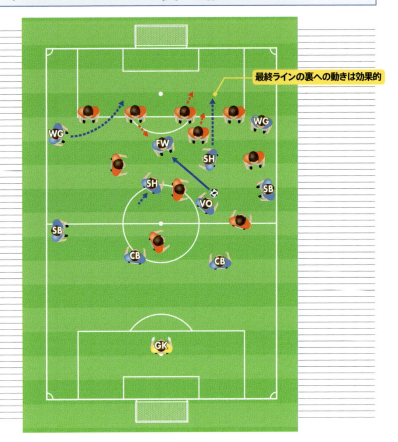

最終ラインの裏への動きは効果的

FWの状況を見て動きを選択する

FWの後方にサポートポジションをとるのも大事だが、状況次第ではディフェンスラインの裏を狙う姿勢も見せたい。縦パスを受けるFWへのプレッシャーがゆるいときなどは、FWが前向きを作れる体勢でもある。それを察知してサポートから裏への飛び出しに切り替えてゴールを一気に狙う。

ラインでパスを受ける

せまいエリアでフリーになるにはポジショニングが適切でないといけない。
どこにスペースやパスコースが生まれるのかを考えながらプレーしよう。

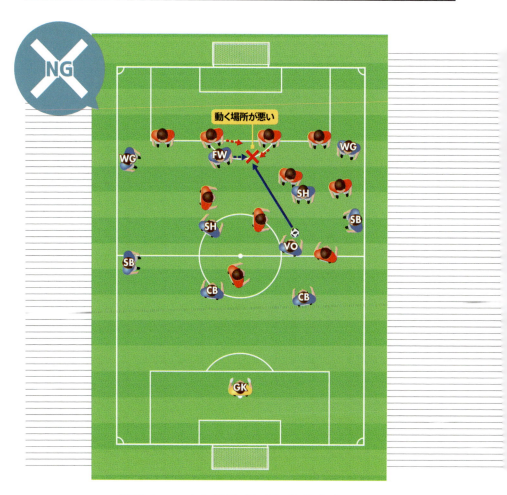

相手のマークを外せずフリーになれない

FWが縦パスを受けるためにマークを外そうと動いているが、その位置どりがあいまいだと相手にインターセプトされてしまう。起点になれるせっかくのチャンスを潰さないためにも、ベストなポジションどりを考え、縦パスを受ける必要がある。

時間と空間が生まれるのがライン間

　前線の選手が縦パスを受けるとき、どんな動きをすれば良いのだろうか。相手のマークを外す必要があるのはもちろんだが、せまいエリアでフリーになるためのポジションどりを考えなくてはならない。ポイントは、相手DF同士が並んだラインの間に入ること。ライン間に入ることでマークに迷いを生じさせ、少しの間だけ時間と空間が生まれてフリーになれる。

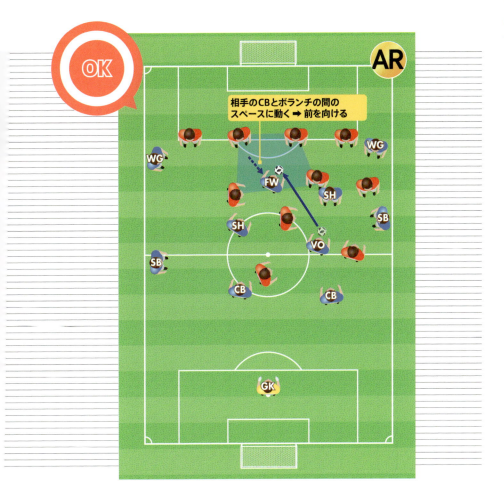

DF同士のライン間であるギャップに動く

ライン間とは、DF同士をラインで結んだときの中間の地点。横だけでなく縦、斜めのライン間も含む。ピッチに生まれるこの間のスペース、ギャップに縦パスを受けるタイミングで動けば、フリーでボールを受けることができる。相手がついてこなければ、前を向くことも可能だ。

11 Break Down ▶ 中央突破⑤

ドリブルを活用する

ドリブル突破はどこで効果を発揮するのか。言わずもがなゴール前だ。ドリブルは相手DFが脅威と感じるプレーなので、状況を見ながら仕掛けよう。

→ 前を向きながら縦パスを受けた

ドリブルでペナルティエリアに侵入する

タイミング良くギャップに入って縦パスを受けた。フリーなので前を向きながらボールをコントロールして状況を見たとき、ドリブル突破が効果的だと判断したら積極的に仕掛けよう。相手CBの間を狙ってもいいし、どちらか1人に向かうのもあり。相手に怖さを感じさせるプレーをしていこう。

攻撃のリズムに変化を加えるドリブル

前ページで解説したライン間で縦パスを受けて前を向いたら、攻撃を一気に加速させられる。相手を脅かすためにもドリブルでの侵入を積極的に活用したい。パスだけでなくドリブルで仕掛けることで、攻撃のリズムに変化が生まれ守備組織にほころびが生まれやすくなる。また、ドリブルで仕掛けて相手を引きつければ、相手が動いてスペースができ崩しのパターンが増える。

→ ゴール前での突破は選択肢が増える要素

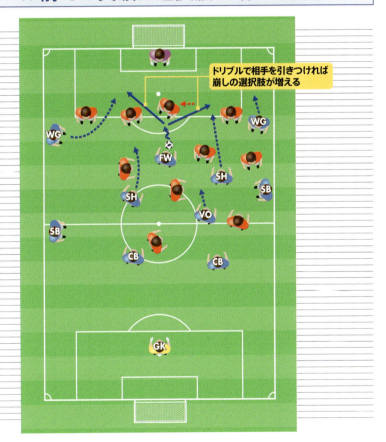

相手を引きつけてからラストパス

バイタルエリアやペナルティエリアにドリブルで仕掛けるプレーは、多くの選択肢を生む。ドリブルすることで相手を引きつけられるので、守備組織に狂いが生じて穴がいくつも生まれる。2列目やサイドの選手が走り込めば、相手は抑えどころがつかめず、守備が破綻するだろう。

12 Break Down ▶ ショートカウンター①

直線的なパスを意識する

相手からボールを奪ったあとに素早く縦に向かって攻撃することをショートカウンターと言う。数本のパスで一気にゴールに向かう効率的プレーだ。

前にボールを運べるのに横へ展開してしまった

中盤で相手のパスをVOがインターセプト。局面を見たときにFWへのパスコースがあいているのに横への展開を選んだ。リスクを考えてのプレーだが、状況を見る限り縦への仕掛けはできる。積極性を欠いたプレーの選択だと言える。

時間をかけずにスピーディに攻める

攻撃はシンプルに少ない手数で仕掛けたほうがゴールを奪える確率が高まるというデータがある。近年、守備組織が強固になり、相手陣内深いところにボールを運ぶのはなかなかむずかしい。守備の人数が揃ったらなおさらだ。そこで、相手からボールを奪ったあと間髪を入れず攻め込めるなら、ショートカウンターを仕掛け、時間をかけずにスピーディな攻撃をしていこう。

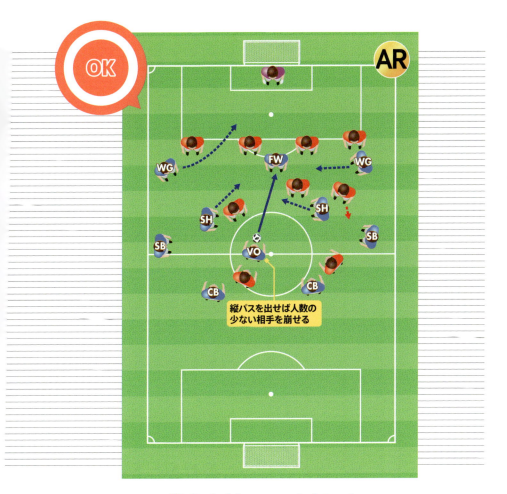

縦パスを出してショートカウンター

中盤で相手からボールを奪ったあとFWへのパスコースがあいている。相手の守備が崩れている隙をついて縦パスを入れショートカウンター。そのパスに周りの味方のサポートや動き出しがあれば、直線的にゴールまで進めてシュートチャンスを作ることができる。

13 Break Down ▶ ショートカウンター②

人数をかけて連動させる

ショートカウンターはプレーをスピーディにしなければならない。攻撃の成功率を高めるためにも、個人ではなく組織で攻める意識を持ちたい。

人数をかけずに攻撃すると選択肢が減る

中盤でのインターセプトからFWへ縦パスをつないでゴールに迫る。このとき、後方からのサポートがないと攻撃の選択肢が減り、せっかくのチャンスをみすみす逃してしまうかもしれない。組織で連動して仕掛けることを常に意識したい。

組織で連動して攻撃を仕掛ける

ショートカウンターを発動したら、少ないパスの本数で相手ゴールまで向かうのが理想だが、少ない人数で攻めるのとは違う。崩しの選択肢を増やすためにも2列目、3列目が攻撃参加し人数をかけて連動することがポイントだ。また、周りの選手が攻めに向かうことで、もし相手が攻撃を跳ね返したとしても、そのセカンドボールを拾って繰り返し仕掛けることができる。

組織で連動した攻撃を仕掛ける

ショートカウンターを仕掛けたら、周りの選手も連動して攻め上がるようにする。ボールホルダーのプレーの選択肢も増え、攻撃に厚みをもたらすことができる。もし攻撃を跳ね返されたとしても、セカンドボールを拾えば二次攻撃にもつながる。

14 Break Down ▶ ショートカウンター③

長短のパスを使う

相手ゴールへ向かう1本の縦パスを出すことだけがカウンターではない。
時にはショートパスをつないでからのロングパスが有効な場面もある。

1 1発で前を狙うのでなく「つなぎ」をはさむ

ショートパスで相手を混乱させる

VOが相手からボールを奪ったあと、FWに縦パスを入れる。FWはポストプレーでSHにワンタッチでボールを落とす。FWが前に向いて進むより、落としをしたほうが攻撃がスムーズにいくと判断した結果だ。

パスに変化を加えて相手を混乱させる

ショートカウンターでも、パスに変化をつけると相手DFは混乱する。くさびのパスからポストプレーで落とし、逆サイドを狙って長めのボールを送るなど、長短のパスを活用するとより効果的な攻撃になる。縦へのスピーディな運びが成功しづらいと思ったら、次の手を瞬時に判断することも重要。逆サイドの選手もプレーを予測しながら動くようにしよう。

2 ロングパスで一気にスピードアップ

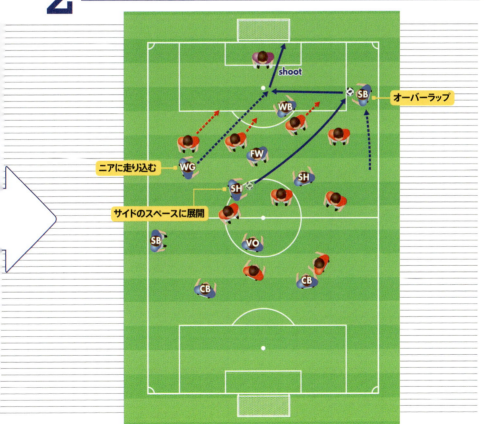

オーバーラップしているSBへパス

ボールを受けたSHは逆サイドをオーバーラップしているSBの前のスペースを狙ってロングフィードを送る。そのパスと同時にWGはゴールに走り込み、中への折り返しのボールをシュートまで持ち込む。相手DFはボールを振られると守備の対応がむずかしくなる。

4章

PENETRATION

ゴールまでのプロセス③
「ニアゾーンへの侵入」

相手ゴールに迫る際、
近年重要だと言われるエリア、それがニアゾーンだ。
ペナルティエリア内の両サイドのエリアになるが、
このゾーンをどう攻略するかでゴールの期待感は膨らむ。
ワンツーやクロス、ドリブルを用いての
侵入パターンを紹介する。

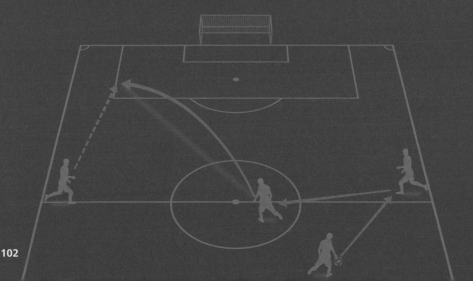

この戦術に注目！

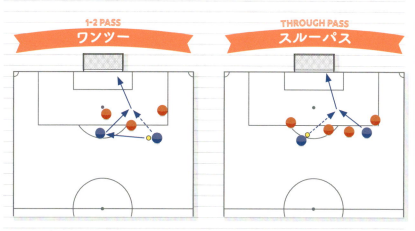

1-2 PASS ワンツー

ニアゾーンを攻略するためにおすすめする崩しがワンツー突破だ

THROUGH PASS スルーパス

ゴール前のスルーパスは相手の隙を突くように鋭いボールを送りたい

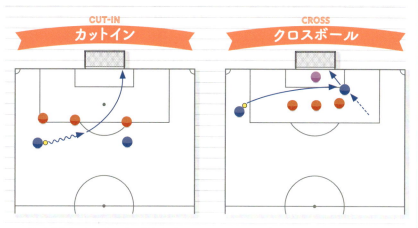

CUT-IN カットイン

サイドから中へドリブルで切り込むカットインで、シュートチャンスを作り出そう

CROSS クロスボール

クロスボールはフワッとしたボールではなくグラウンダーの速いクロスがベスト

01 **P**enetration
相手陣地への侵入と攻め方

ニアゾーンを攻略する

現代サッカーでの守備の強固さは年々増している。そう簡単にフィニッシュゾーンには入れない。崩しを狙うべきエリアをニアゾーンにしてみよう。

ゴールまでのプロセス③ 「ニアゾーンへの侵入」

崩しの幅を広げて
決定率を高めるエリア

　エリア内に侵入することを目標に崩
していくが、ゴール正面に入るのはむ
ずかしいミッション。そのため、サイ
ドにボールを運びクロスボールからチ
ャンスを作るのがセオリーと言われて
いた。しかし、このクロスからの攻撃
も一辺倒では得点率は上がらない。そ
こで、エリア内のサイド、ニアゾーン
への攻略が注目されている。ニアゾー
ンはラストプレーの幅を広げてくれる
のだ。

105

02 Penetration ▶ ワンツーで崩す①

ニアゾーンに入るワンツー

ペナルティエリア外からどうエリア内に侵入するか。その代表的なプレーがワンツーだ。成功すればゴールの確率はぐっと高まる。

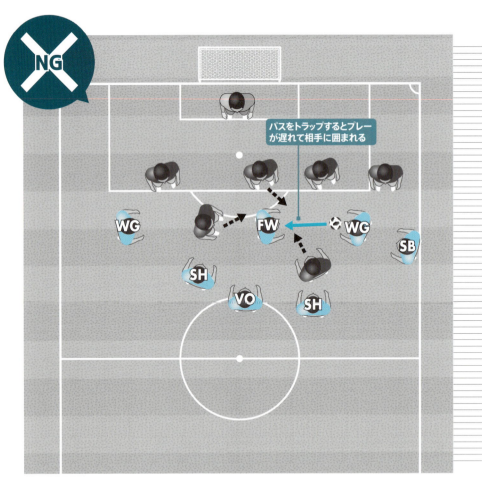

バイタルエリアでボールを持ってしまう

サイドからペナルティエリアの外、つまりバイタルエリアでFWがボールを受けているシーン。せまいエリアではボールを持っている時間はほとんどなく、ボールを受けてからどんなプレーを選択しようかと悩んでいるとしたら、必ず相手に囲まれてボールを奪われる。

ワンタッチでの連続プレーが有効

　ニアゾーンへの侵入は、スピーディかつ角度をつけたプレーでないと成功しづらい。そのため、バイタルエリア付近でのワンツー突破は有効な手段だ。ワンタッチでの連続プレーやスペースをつく動きがニアゾーンに攻め込むためには必要になる。DFからするとサイドから縦に向かうワンツーは、バックステップを踏まないといけないため対応が極めてむずかしくなる。

縦のワンツーでニアゾーンへ侵入

FWにボールを出したWGは、パス&ゴーを意識する。狙うはペナルティエリア内のニアゾーンのスペースだ。ボールを受けたFWは、DFに寄せられる前に、しかも動いているWGがオフサイドにならないようワンタッチでパスを送る。DF同士の間を狙ってスルーパスを出そう。

03 Penetration ▶ ワンツーで崩す②

浮き球を活用する

相手DFの頭上を越える浮き球のパス。足下にスペースがない状況では、頭上の空間を上手に使ってニアゾーンに侵入しよう。

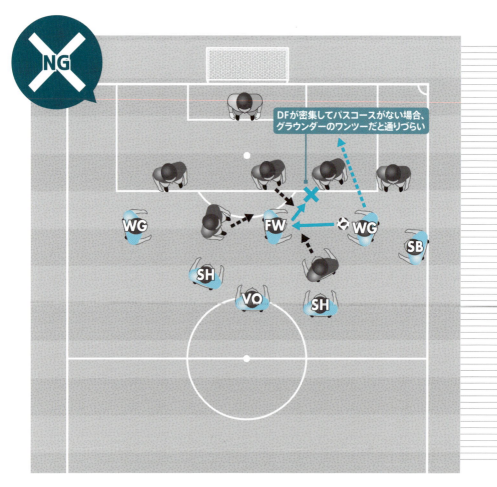

DFの間に隙間がなく足下のパスが通らない

サイドのWGからボールを受けたFWは、ワンツーでスペースを狙ってパスを出したが、相手のポジションが良く足下に隙間がなくてスルーパスがカットされてしまった。相手DFの状況を見ないでパスを出した結果であり、せっかくのチャンスを逃してしまうことになる。

相手DFを見ながらパスを選択する

　前ページのワンツーでの突破のバリエーションがここで紹介するプレーだ。サイドからボールを出してからの縦のワンツーは同じだが、相手DF間に隙間がないため、スルーパスではなく浮き球にする点が異なる。その場の状況を見て、パスの出し手はプレーの選択を瞬時に変える。味方の動きだけでなく、相手を見ておくことが決定的なパスを出すポイントだ。

スペースがなければ頭上を狙う

FWはボールを受ける前に、相手のポジションを見ていた。スペースがないので、相手の頭上を越えるボールを送りワンツーが成功した。浮き球だと悟られないキック動作と、パスの高さ、ボールが地面に落ちる位置までを計算に入れれば、相手DFを出し抜くことができる。

04 Penetration ▶ ワンツーで崩す③

3人目の動き

攻撃をより組織的にするためには、3人目やその他の選手の動きが必要だ。常にプレーに関わるために、どんな動きをすれば良いのかを考えよう。

1 サイドのWGからFWへ横パスが入る

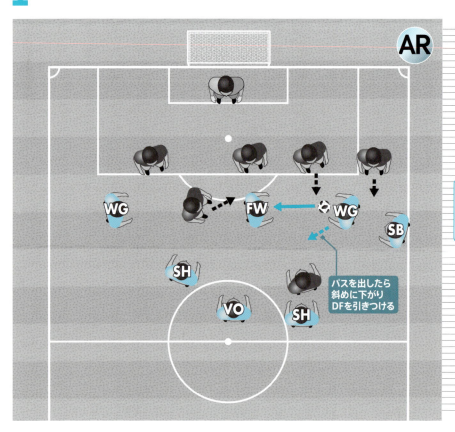

パスを出したら斜めに下がりDFを引きつける

パスを出したWGはサポートポジションに

サイドにいるWGから中のFWへ横パスが入る。パスを出したWGは前に走らずサポートポジションに動く。この動きで相手を引き寄せることができ、ニアゾーンへのパスコースを生み出すことに成功した。周りの選手は、この動きに反応しよう。

3人目の動きを意識してプレーする

ニアゾーンに侵入するプレーは、パスの出し手と受け手の2人だけのコンビネーションだけではない。3人目となる選手が関わることでワンツーの選択肢は多くなる。3人目の動きは、ゴール前の局面だけでなく、どんな状況でも活用できる。スペースを突くための動きに加えてサポートに入る動きも3人目の動きとなるからだ。この動きを意識できるのは戦術眼の高い選手だ。

2 ニアゾーンへ動くSBへFWがワンタッチパス

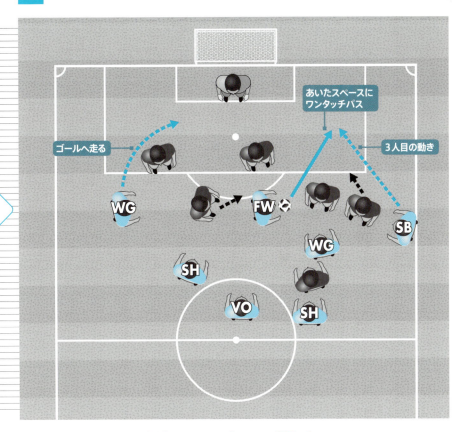

大外からニアゾーンへ侵入する

3人目の動きとなるSBは、大外からニアゾーンへ向けて動き出す。FWはボールを止めずにワンタッチパス。相手DFの間の隙間を狙い、ニアゾーンにあるスペースにスルーパスを出す。パスが通ればシュートだけでなく中への折り返しもできて、ゴールチャンスが作れる。

05 Penetration ▸ サイドからのスルーパス①

DFの裏を狙う

サイドからのクロスを送る攻撃は普遍だ。サイド攻撃を完成させるためにも、ラストパスとなるクロスを確実に決めるためにも、裏をとる動きが大切だ。

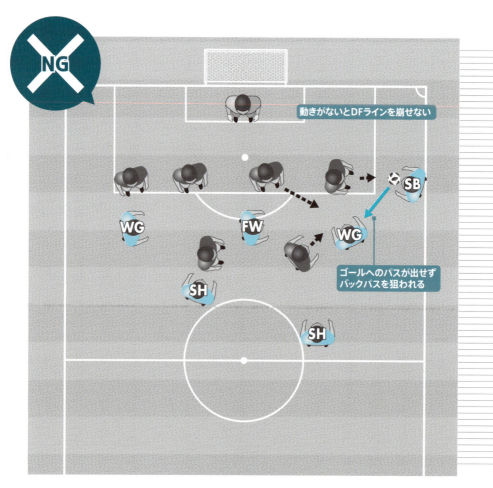

ゴールへの動き出しが見られない

サイドにいるSBにボールが渡った状況。SBはクロスを上げられる状態にあるが、中央にいる選手たちの動き出しがないため、後ろにいる選手へボールを戻すしかなくなった。攻撃を組み立て直すための後方へのパスはよくあるが、動き出しがない状態でのバックパスはなるべく避けたい。

GKとDFラインの間を狙う

　固く閉ざされている中央をこじあけるためにも、サイド攻撃の選択肢は多いほうが良い。その中でも、サイドからGKとDFラインの間を狙ったパス（クロス）は得点率が高い。このプレーを成功させるには、ゴールへ侵入する動き、DFラインの裏をとる動きが必要だ。サイドにボールが渡りボールホルダーの体勢が良ければ、中央や逆サイドの選手は果敢に飛び込みたい。

GKとDFラインの間のスペースに飛び出す

ボールを受けたSBが良い状態なら、クロスが来ると信じて、ゴール前に顔を出すため動き出そう。狙いはGKとDFラインの間のスペース。ボールの近くにいる選手と中央の選手はニアを狙い、逆サイドの選手はファーポストに向かって猛然とダッシュしよう。

06 Penetration ▶ サイドからのスルーパス②

パスの方向と使う足

サイドからパスを送る際、使う足によってパスの方向と狙いが変わる。利き足にもよるが、あえて逆足を使うことでうまくいくケースもある。

→ 右足でパスを出す

DFの外側や股を狙ってパスを出す

右サイドで右足でボールを持つと、マークについているDFの外側から中に放り込むことができる。GKとDFラインの間を狙って鋭いパスを出すことができる。DFのポジションや構えによっては、股を狙うこともできる。中央にいる選手は味方を信じてゴールに動こう。

足の左右でパスの方向と狙いが変わる

サイドにボールが渡り、ボールホルダーとなった選手は、右足か左足、どちらの足でゴールにパスを送るのかで狙いが変わる。右サイドの場合、ゴールライン方向に体を向けて右足でボールを蹴る状況では、DFの外側から抜けるようなボールでクロスを上げられる。逆に左足で持った場合は、中央にボールを動かし相手を外してから放り込める。使う足でパスの方法が変わるのだ。

→ 左足でパスを出す

DFを外してからゴール方向にパス

右サイドで左足でボールを持つと、マークについているDFのポジションも少し変わる。シュートを打たれまいとゴールとのライン上に立つため、中にボールを運んで相手を外し、隙間を作ってからゴール方向にパスを出す。中央からニアに走る味方がいればシュートまで持ち込める。

07 Penetration ▶ サイドからのスルーパス③

2列目からの侵入

サイドからのボールをゴールで待ち構える受け手に対してはDFがピッタリついている。マークを剥がしつつ2列目との連動でゴールをこじあけよう。

1 FWが動いてスペースメイク

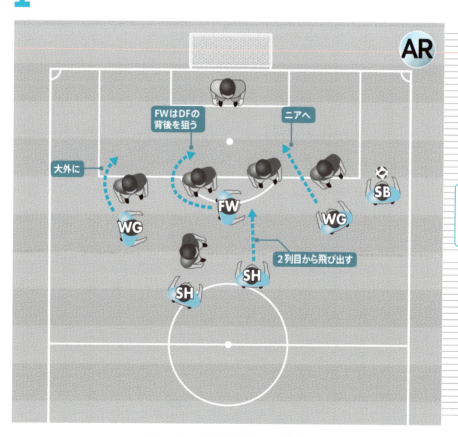

マーカーの裏を狙って動く

ボールが右サイドにある状況。サイドからのクロスを受けようと動き出す。FWはDFの裏をとり、マークを外すと同時に2列目の選手が走り込むためのスペースを作る。同サイドにいるWGはニアへ走り、左サイドにいるWGは大外からファーへ向かう。

中央にいるFWがDFを引きつける

サイドからパスを受ける際、出し手だけでなく受け手の動き方で相手DFを迷わせシュートチャンスを導くことができる。ポイントは、2列目からの飛び出し。FWの巧みなオフ・ザ・ボールの動きで相手DFを引きつけ隙間を作り、そこを2列目が走り込んでパスを受ける。サイドからのパスのタイミングをはかれば、フリーでボールを受けられシュートまで持っていける。

2 2列目が走り込んでパスに合わせる

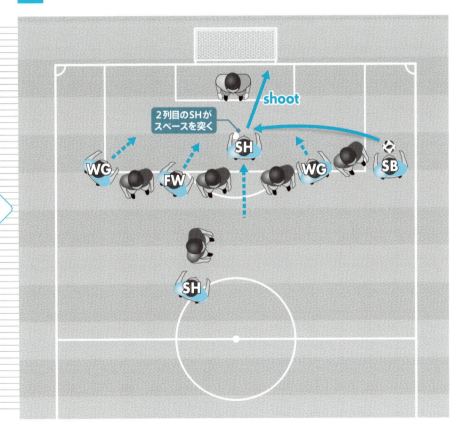

DF同士の隙間を縫って走り込む

前線の選手の動きによって相手DFが乱れたすきに、右サイドのSBは中へパスを送る。2列目から走り込んだSHがタイミングを合わせてシュートを打つ。周りのFWやWGはパスのズレに対応できるよう走り込みつつ、シュートが弾かれた場合のこぼれ球を拾うポジションに動こう。

08 Penetration ▶ サイドからカットイン①
ドリブル突破の選択肢

嫌がるプレーというは守備組織を崩すような果敢なアタックだ。相手陣内でのドリブル突破は相手の脅威となるプレーだということを知っておこう。

➡ 直線的に向かう縦への突破

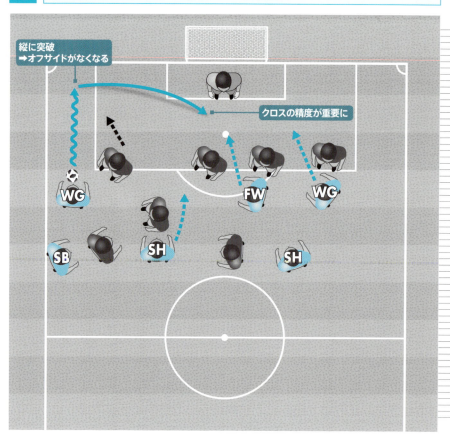

クロスからのチャンスが生まれる

サイドでボールを受けた際のドリブル突破で、縦に仕掛けてDFをかわしてクロスを上げるプレー。相手陣内深くまで突破して折り返しのボールをゴール前に送れば、守備側にとって守りづらい状況にもなる。オフサイドもなくなるため、複数がゴール前に走り込めばパスの選択肢も増える。

縦への突破とカットイン

サイドにボールが渡ったとき、前を向いて仕掛けることのできる状況ならドリブルで積極的に突破していきたい。DFを1人抜くことで、相手の守備組織を崩すキッカケにもなるからだ。突破の方法は大きく2つに分けられる。相手陣内を深くえぐる縦への突破と、中に切り込んでのカットインだ。どちらを選択するかは、相手と味方の状況を見ながら決めていこう。

→ 中に切り込むカットイン

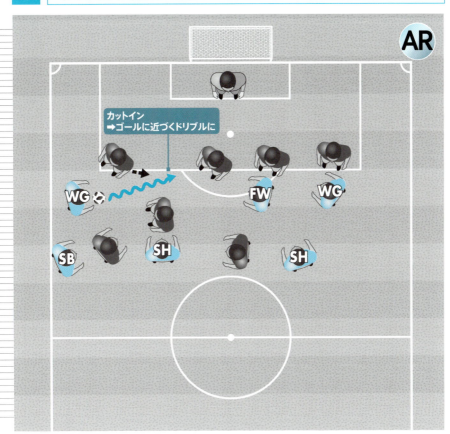

シュートチャンスが生まれる

縦の突破ではなく、中に入るようにドリブルしていくカットイン。上図のように左サイドなら右利きの選手がボールを運び、DFをほんの少しズラしてシュートを狙う。近年のWGなどが使うテクニックで、斜め45度からの巻くシュートを武器にしている選手の対応は守備側にとって非常にむずかしい。

09 Penetration ▶ サイドからカットイン②

シュートとパスの使い分け

現代サッカーではサイドの選手に、カットインからシュートを打てる選手を配置するケースが多くなっている。そのメリットは何なのだろうか。

→ **カットインからミドルシュート**

ファーへの巻くシュートを武器にする

WGが相手のSBと1対1の状況。中にカットインして相手をかわしてからタイミングを見てミドルシュート。ファーポスト際を狙ったカーブをかけたシュートを打てば、外から曲がりながらゴールに吸い込まれる。コースが良ければGKは手を伸ばしても届かないだろう。正確に狙えれば大きな武器となる。

シュートを狙えることがアドバンテージ

前ページで紹介したドリブル突破のカットインは、直接シュートを狙えることが大きなアドバンテージとなる。シュートがあることを守備陣は頭に入れなくてはならないため対応がシビアになる。シュートを打たせまいとするマークになると、別のプレーへの対応が甘くなる傾向がある。つまり、シュートを匂わすことでパスが効果的に活用できるというわけだ。

→ カットインからラストパス

DFの対応次第でパスに変更できる

カットインで中に切り込んだとき、DFがシュートを意識した守備をしてきた。マークについていた相手をかわしても2人目のDFがシュートコースを埋めている。これらの状況を加味したとき、味方が反応し動き出せば、DFラインの裏へのラストパスを選択できる。シュートがあるおかげで選択肢が増える。

10 Penetration ▶ サイドからカットイン③

ワンツーで突破する

崩していくには個人の打開だけでなく味方とのコンビネーションを活用したい。ゴール前のせまいエリアこそプレーの精度と連係力を高めておこう。

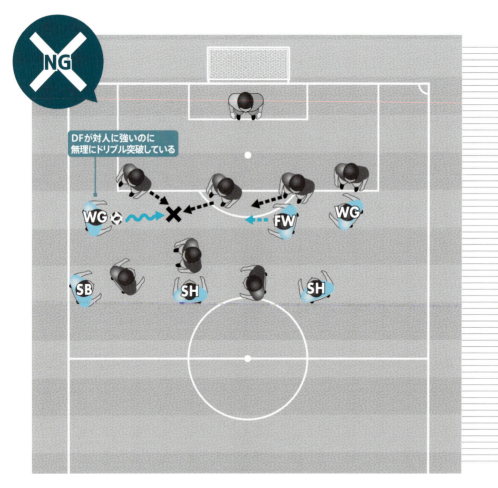

無理にドリブル突破を仕掛けている

対応しているDFが複数できたとき、個人で打開できる技術を持っているのなら良いが、そう簡単には突破できない。味方FWのサポートがあるなら、コンビネーションを使って崩すことも選択したい。個人で無理やり打開する以外の選択肢を持とう。ただし、積極的に仕掛ける姿勢は忘れないように。

味方とのコンビネーションが重要

カットインは味方とのコンビネーション次第で選択肢が増えることは前ページで解説した。個人での突破に加えて味方とのワンツー突破を頭に入れておきたい。相手DFの対応次第でプレーを決めることがほとんどだが、周りの味方とのコミュニケーションをとり、攻撃パターンを構築しておこう。2人との関係だけでなく、3人目の動きも活用すればゴールをこじあけられる。

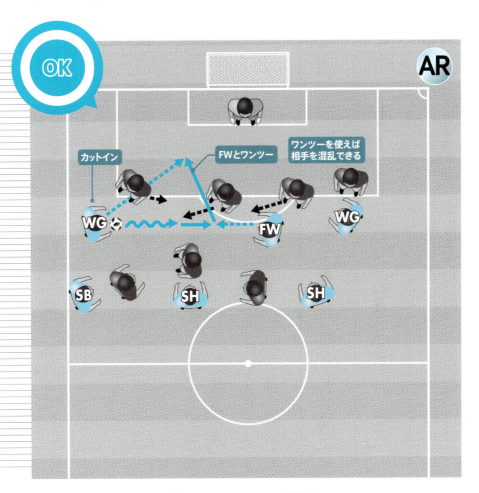

味方とのワンツーで突破する

カットインでボールを運びながら状況をしっかり見る。相手DFが2人来たときにFWのサポートがあった。状況判断をして味方にパスを出し、ワンツーを受けるため前に動いていく。パスを受けたFWは、スペースがあればワンツー、なければ違うプレーを選択し、どんな攻撃がベストかを決める。

Penetration ▶ クロスボール①

GKとDFの間を狙う

ピンポイントクロスをヘディングシュート。これらの攻撃が今までの常識だとすれば、現代はスピードを意識したグラウンダーのクロスに変貌している。

→ クロスの狙いのセオリーは3コース

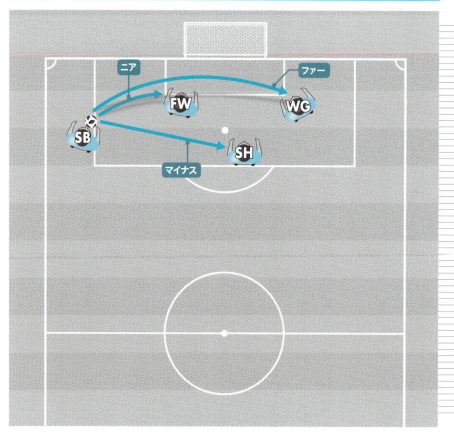

受け手は3コースに走り込む

クロスに対する受け手の走るコースは、ニアポスト、ファーポスト、マイナス方向の3コースがセオリーなのは変わらない。クロスを上げる選手の状況と、周りの走り込む選手の状況を見て、どこに走り込めば良いのかを見極めよう。その中でもニアへの走り込みは、チームとしても忘れずに行いたい。

スピードを意識してクロスを上げる

　サイド攻撃と言えば普遍なのがクロスボールからの崩しだ。112ページでも解説したが、現代サッカーのクロスはフワッとしたボールではなく、GKとDFラインの間を狙ったボールのほうが得点率が高い。守備のレベルが上がっている昨今では、クロスにもボールスピードが必要なのだ。以前のようにニアやファーという概念よりもスペースを狙うクロスを意識しよう。

→ 展開がスピーディなら速いクロスを送る

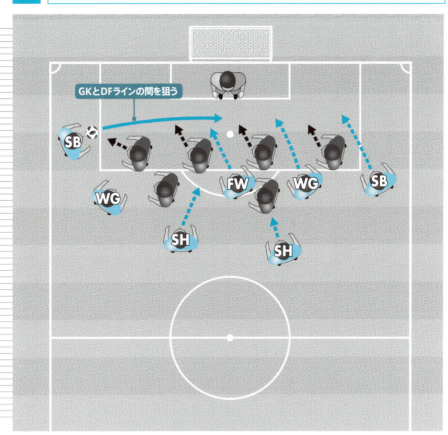

GKとDFの間に強いボール

ショートカウンターだったり、守備陣がゴール前に戻りきっていないときのクロスの狙いは、GKとDFの間に強く速いボールを送ること。素早くゴール前に放り込むことで得点率は上がる。受け手は、ニアはもちろん大外からも走り、誰も届かず流れてくるボールをゴールに流し込む準備をしよう。

12 Penetration ▶ クロスボール②

低いグラウンダーのクロス

速いクロスボールに合わせてゴールを決めるためには、より蹴りやすいボールにしなければならない。クロスを浮かせない、がキーワードだ。

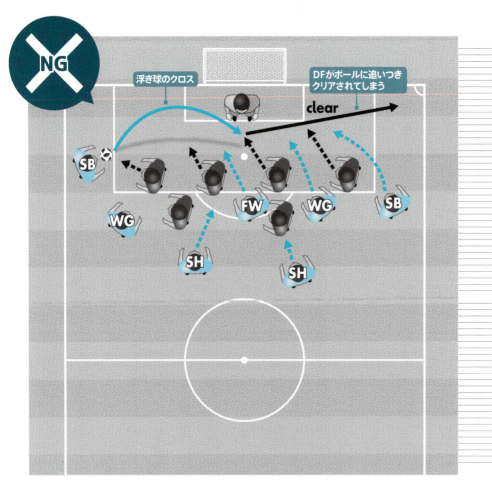

フワリと浮かせたゆるいクロスボール

スピーディな展開でサイドにボールが渡りクロスを上げる際、フワリとしたボールだと相手守備陣の戻りが追いついてしまう。しかも、ボールがゆるいとクリアしやすくせっかくのチャンスを棒にふってしまう。従来では当たり前だった技術も、展開の速い現代サッカーでは通じないこともある。

クロスボールを絶対に浮かさない

攻撃がスピーディになっているため、ゆるいクロスボールは相手DFに弾かれてしまう。相手守備陣が準備できていない状況なら、クロスボールは速さを意識したい。ポイントは、グラウンダーの速いボールだ。ボールが浮いてしまうとシュート時のインパクトミスを招いてしまう。強いボールでも受け手がゴールに流し込めるように、浮かさないことが重要だ。

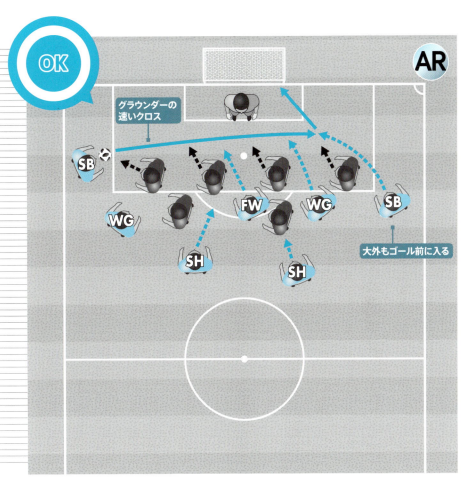

低いグラウンダーの速いクロスボール

上図のように、相手DFがゴールに戻りながらの守備をしている状況でのクロスボールは、GKとDFラインの間のスペースにグラウンダーの速いクロスを送りたい。ニアに走った受け手が触れなくても、ファー、その後ろの大外の選手にまで届くような強さのボールになれば得点の可能性は高まる。

13 Penetration ▶ クロスボール③

受け手の走るコース

クロスを受ける選手の走るコースはセオリー通りではあるが、速くて低いボールにも対応できるよう走るコースを考えたい。

→ ニアポストへ走り込む

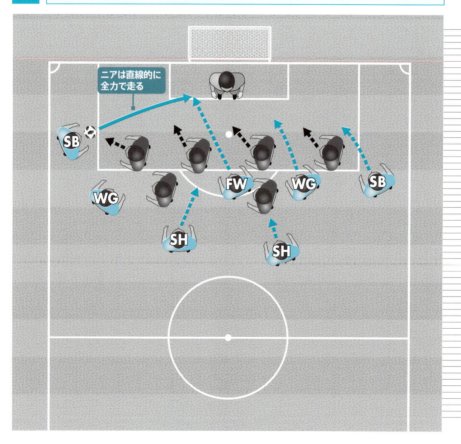

全速力でニアに入る

クロスを受けるとき、誰かしらニアポストに入ることはチームの決め事にしておきたい。ニアでボールを受けシュートを打てれば、ボールの流し方次第でゴールが生まれやすい。GKから見てもニアからのシュートはむずかしい対応を強いられる。入るときは全速力がポイントだ。

128

ニアは絶対。大外にも入り込む

クロスボールに対する受け手の走るコースはニアからファーというセオリーは変わらない。どんな状況でも、ニアへの動き出しはチームとして必ず行うようにしておきたい。ニアでボールを触りゴール方向に向かえば、GKの対応が非常に困難なものになる。そして、前ページで解説した速いクロスはボールが外に流れやすいため、大外にも入っておくことがポイントだ。

→ ファーポストよりも大外に走り込む

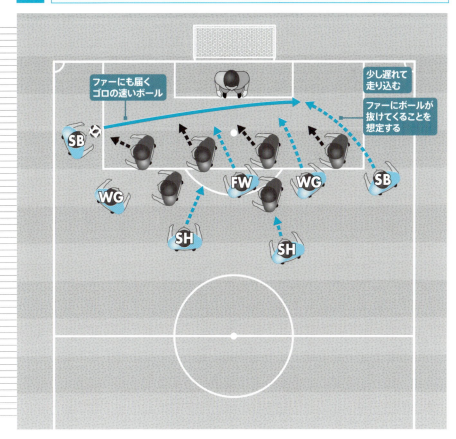

流れてくるボールを押し込む

低くて速いボールを蹴るとき、出し手はもちろん中にいる選手のタイミングを狙ってクロスを上げるが、ピッチの滑り方などもあり、誰も触れずに流れることが大いにある。チャンスを逃さないためにも大外にも走り込むよう意識する。これが逆サイドにいるSBの得点が増えている要因の1つでもある。

14 Penetration ▶ アーリークロス①

アーリークロスの狙いどころ

言葉通り早いタイミングでクロスを上げるのがアーリークロス。ショートカウンター戦術の武器として、精度の高いボールが出れば得点の匂いがする。

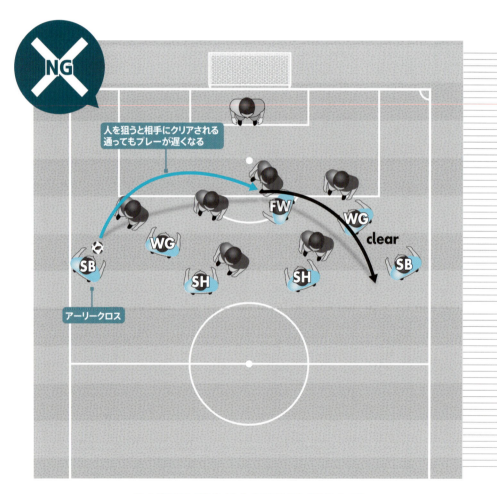

人を狙うと動きが止まりDFに弾かれる

アーリークロスを上げるとき、上げる瞬間にいる味方のポジション付近に上げてしまうと、味方がゴールへ動き出せない。相手DFのボールへの対応が簡単にできてしまうので、クリアされる可能性が高くなる。プレーが遅くなる原因にもなる。

スペースを狙ってクロスを上げる

アーリークロスとは、相手陣内深くに侵入する前段階でクロスをゴールに放り込むプレー。相手の守備陣の準備ができる前にボールを入れてゴールを決めようという戦略だ。サイドに精度の高いボールが蹴れるクロッサーがいるなら、早めのアーリークロスを狙うのも手だ。クロスは人を狙って蹴るイメージがあると思うが、正しい狙いはゴール前に生まれるスペースになる。

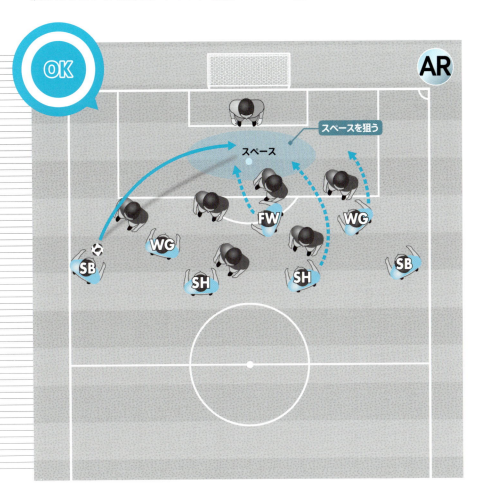

ゴール前のスペースを狙う

アーリークロスの正しい狙いは、ゴール前のスペースだ。通常のクロスと同じでGKとDFラインの間を狙うのがベストだ。距離もあるのでグラウンダーのクロスを蹴るのはむずかしいが、できるだけ低い弾道のスピードのあるボールを送るとゴールチャンスになる。

15 Penetration ▶ アーリークロス②

受け手の走るコース

アーリークロスを上げるときは、プレースピードを一気に上げることになる。前線の選手や2列目のクロスの受け手になる選手の動きがカギ。

→ ゴールに向かって直線的に走る

相手の背後を狙ってゴールに入る

サイドにボールが渡りゴール前にスペースがある。ここでアーリークロスを狙うと速い攻撃につながる。前線の選手やパスの受け手は、そのクロスに合わせるため全速力でゴールに動きたい。直線的に走りつつ、相手DFの背後をとるように裏を狙って走ると、相手の視野から外れてフリーになれる。

直線的に全速力でゴールに向かう

アーリークロスを上げるときのポジションは、アタッキングサードに入る直前のエリアになることが多く、受け手もまだピッチ中央とペナルティエリアの中間に位置することもある。そのため、受け手は直線的に全速力でゴールに向かうように動きクロスに合わせたい。なるべくDFの背後を狙って走り、ニアだけでなくファーの奥にも走り込む選手がいるようにしたい。

→ 逆サイドの選手がファーの奥から走る

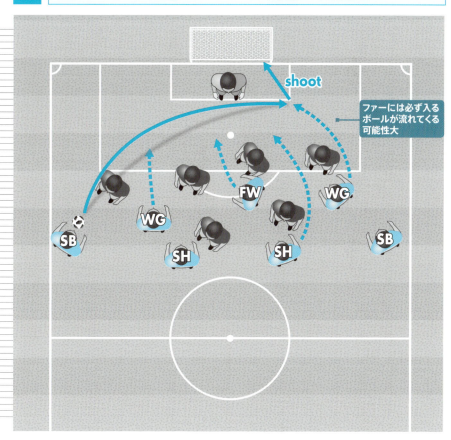

ボールが流れることを想定する

アーリークロスには速くて強いボールを求めるため、ゴール中央でボールに誰も触れずファーポストの奥へ流れることが多く見受けられる。これらを想定して、ファーの奥にいる選手も、忘れずに走り込むように。図ではWGだがSBも走り込めば、安心してアーリークロスを上げられる。

5章

ゴールまでのプロセス④「フィニッシュ」

フィニッシュの局面の向上は、どの時代でも大きなテーマだ。
シュート技術もそうだが、相手を外す動き、
ゴール前でのコンビネーションなど、
ゴールを決めきるテクニックやアイデアを豊富に持ちたい。
この章では、ごく一部のフィニッシュに関わるプレーを紹介するが、
個人やチームで多くの選択肢を持てるようにしたい。

この戦術に注目！

OFF THE BALL
FWのオフ・ザ・ボールの動き

守りの厳しいゴール前を崩すには、相手との駆け引きが必要だ。FWの背後をとるオフ・ザ・ボールの動きで相手ディフェンダーの裏を突こう

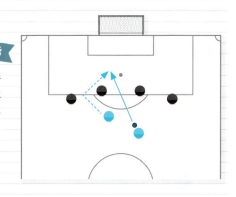

POST PLAY
ポストプレー

ゴール前でFWが起点となれれば、攻撃での崩しのアイデアは豊富に生まれる。FWが持つ高いテクニックで相手ディフェンダーを翻弄したい

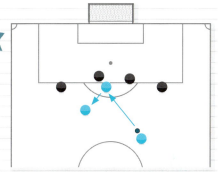

DRIBBLE
ドリブル突破

ゴール前に抜け出てからのドリブル突破はよくあるシーンだ。ここで確実にゴールを決める選手になるために、突破テクニックを磨こう

01 **F**inish
ゴールを決める動きとプレー

フィニッシュ

ゴールを量産する偉大なストライカーに共通するのは、シュートを打つまでのプレーやアイデアが豊富なこと。シュート技術とともに身につけたい。

ゴールまでのプロセス④ 「フィニッシュ」

フィニッシュワークの質と量

　守備の強さが際立つ現代でも、高い得点率を誇るFWはその時代時代で、各国で生まれてくる。逆に日本はストライカー不足だと言われ続けている。何が違うのだろうか。まずはゴール前での冷静さ。焦らずプレーできるメンタルは重要。そして、フィニッシュに関する様々な技術だ。ルイス・スアレスを見ても分かる通り、持つ技術の質も量もだいぶ差がある。ゴールを決めるための動きとプレーを習得しよう。

02 Finish ▶ FWのオフ・ザ・ボール①

DFの背後をとる動き

ゴール前でボールを受けてシュートにつなげるためには、一瞬でもフリーになる必要がある。相手のマークを剥がす動きとその意識を持ちたい。

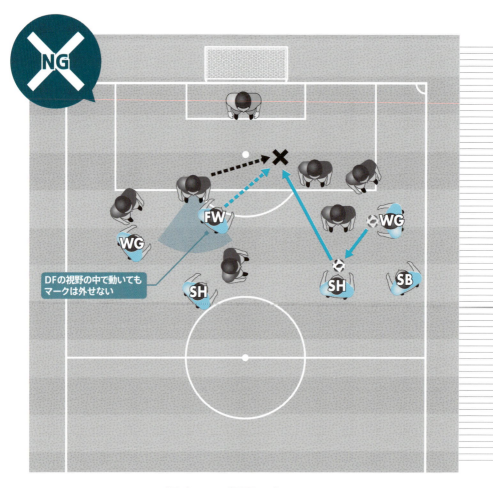

相手DFの視野の中にいる

サイドから中盤にパスが出る。この後、FWへスルーパスが出るが、FWが相手DFのマークに合っているため、ボールが渡ってシュートを打てたとしてもブロックされてしまう可能性が高い。FWが相手に体をぶつけながらボールを受けてシュートができればいいが、マークを外すほうが得策だ。

相手の視野から外れる動き

マークにつくDFを剥がさなければゴールチャンスは生まれない。前線にいるFWは相手を外すためにオフ・ザ・ボールの動きを習得しよう。相手のマークを剥がす方法はたくさんあるが、大事なのは相手の視野から外れる動きだ。DFの目の前でポジションをとろうとするのではなく、視界から外れた位置どりを意識する。そのためにも相手を観察することが重要だ。

相手DFの視野を外す動き

中盤にボールが渡りスルーパスの場面。ここでFWがマークを剥がしフリーになればゴールチャンスだ。DFの背後をとるように動いて、一度相手の視界から外れる。相手が見失ったら動きの角度を変えてパスを受けに向かう。足の速さなどは関係ない。DFとの駆け引きで勝てればチャンスが作れる。

03 Finish ▶ FWのオフ・ザ・ボール②

オフサイドを考えて動く

FWに有利にプレーさせないためにも相手の守備陣は駆け引きをしてくる。その駆け引きで負けないよう考えて動き、ポジションをとろう。

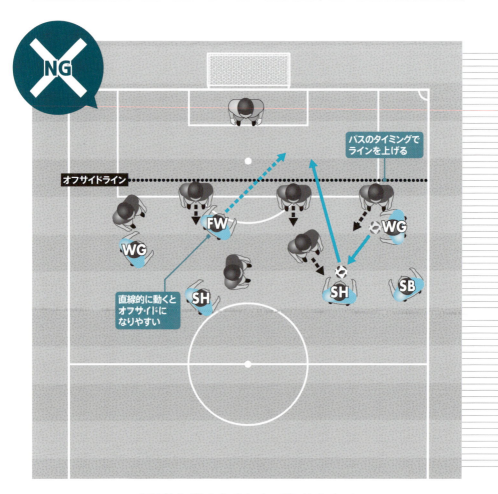

直線的に動き出すとオフサイドになる

中盤からのスルーパスをFWがゴール前で受けるシーン。DFがラインコントロールをしているときに、相手を確認もせずにボールにまっしぐらに走ってもオフサイドに引っかかるだけだ。どんなに足が速くても何も考えていないFWでは、相手からすれば簡単に対応できるFWということになる。

DFラインを見ながら駆け引きする

ゴール前でラストパスを受けるためにFWは相手との駆け引きをしなければならない。その中でも、相手DFはオフサイドをかけようとDFラインをコントロールしながら対応してくる。例えば、ゴール前にスルーパスを出すような場面でFWが直線的に走り込むとオフサイドをとられやすい。オフサイドにならないようFWは飛び出し方法を工夫する必要がある。

オフサイドラインと並走してから飛び出す

中盤からのスルーパスを受ける場面で、DFラインと駆け引きができるFWは相手からすれば嫌なFW。オフサイドにならないよう、DFラインと並走しながらタイミングをはかり、パスが出される瞬間にスペースに飛び出していく。ボールや周りの状況を見ながらプレーできるのが、一流の点取り屋の証だ。

04 Finish ▶ FWのポストプレー①

起点になるプレー

前線にボールが入り、FWが倒されることなくボールキープできれば、厚みのある攻撃になる。ポストプレーからの攻撃は崩しのセオリーと言える。

→ 中盤からのくさびを前線で受ける

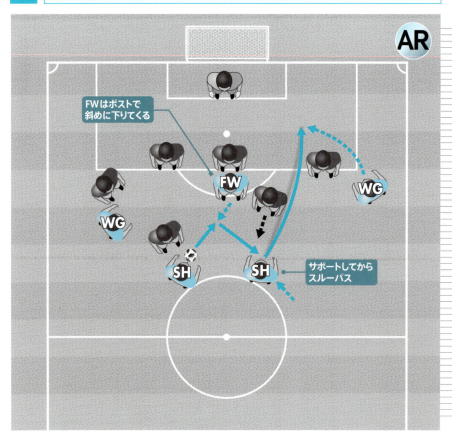

FWは斜めに下りるように動く

中盤からのくさびのパスが前線に入る。前線のFWはマークを剥がすために斜めに下りてボールを受ける。斜めに角度をつけて下りると体の向きを少し半身にすることができるので、攻める方向も視野が入り次のプレーがしやすくなる。マークの状況によってワンタッチで落とすか判断しよう。

複数のポストプレーを身につける

　FWが前線で起点にならなければ、良い攻撃は結びつかない。ゴール前でのFWのポストプレーは重要なファクターだ。相手を背負い体を当てながらボールを受けたり、DFのマークをタイミングで外し一瞬フリーになったところでボールを受けてポストプレー。他にもファーストタッチでターンをして前を向くなど、起点となるプレーを複数身につけ武器にしておきたい。

→ マークが外れているならターンもある

ファーストタッチで前を向く

中盤からのパスを受けるためにFWは下りてくる。動いた際にマーカーがピッタリついてこなかったり出遅れているようなら、前を向けるチャンス。ファーストタッチでターンできれば相手陣内深くまで侵入できる。このときも斜めに下りることで、ターンのしやすい体の角度を作ることができる。

05 Finish ▶ FWのポストプレー②

フリックを使う

FWはポストプレーだけをしていたら相手DFにプレーを読まれてしまう。そのためにも、ポストプレーにバリエーションを持ったほうが良い。

→ フリックを使ったコンビプレー

フリック
少しさわってパスの角度を変えるプレー

味方との呼吸を合わせる

中盤からのくさびのパスが前線に入る。受けたFWは周囲の状況を見ながら、味方がタイミング良く走り出しているのを感じて、フリックでボールの角度を変える。そのボールを受けたWGはドリブルで運んでフィニッシュまで持ち込もう。味方との呼吸を合わせることがポイントになる。

一瞬の判断でボールの角度を変える

ゴール前での奇をてらったプレーは相手にとっては予想ができず嫌に感じる。フリックは、一瞬の判断でボールの進む角度を変えるテクニックだが、味方との呼吸が合えば非常に効果のあるプレーになる。多くのフリックはアウトサイドやつま先でボールをタッチする。事前にフェイクを入れると相手に読まれにくい。周りの味方はプレーを予測して動いておくことが大切だ。

→ 浮き球のフリックでDFの頭上を越す

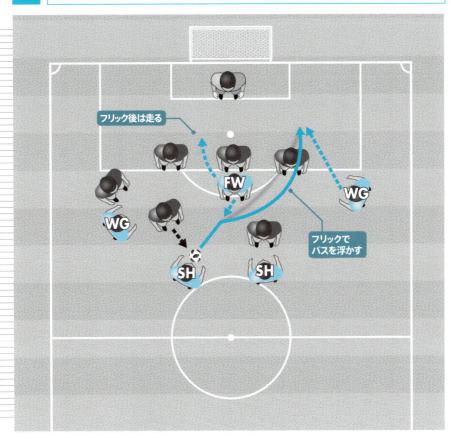

DF同士の間に隙間がないときに有効

フリックを使ったコンビプレーをするとき、DF同士が詰めていて、DF間に隙間がないときは、ボールを浮かせて相手の頭上を越えるようなフリックを狙ってみよう。トリッキーとも思えるプレーになるが相手の裏を確実にとれる。ボールがズレてしまうことも考慮してフリック後はゴールに向かう。

06 Finish ▶ FWのポストプレー③

ポストをフェイクに使う

ポストプレーが得意な選手が違うプレーを見せたときに相手は必ず戸惑う。何をするのか分からない、読めない選手がFWの理想型だ。

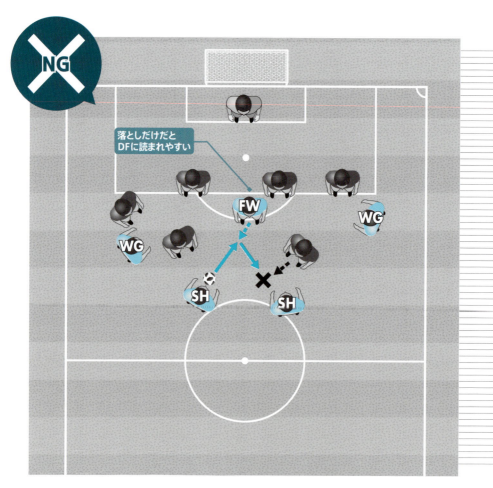

ポストプレーだけだといずれ読まれる

ポストプレーを得意としているFWが、どんな状況でもポストプレーを成功させることができるなら問題はないが、1つのプレーだけしかできないと、頭の良いDFならプレーを予測してしまう。マークについているDFだけでなく、サポートに入る相手に落としのボールを取られてしまうだろう。

プレーパターンを豊富に持つ

ゴール前の状況に合わせてプレーを選択できるFWを目指したい。一流のFWはそれらの判断力と決断力がある。ポストプレーを得意としていることは誰もが知っているが、それだけでなくプレーのパターンも豊富だと、相手DFは対応に苦しむことだろう。ポストのフリをしてターンをしたり、ファーストタッチでかわしにいったりと、いつもと違うプレーをしてみよう。

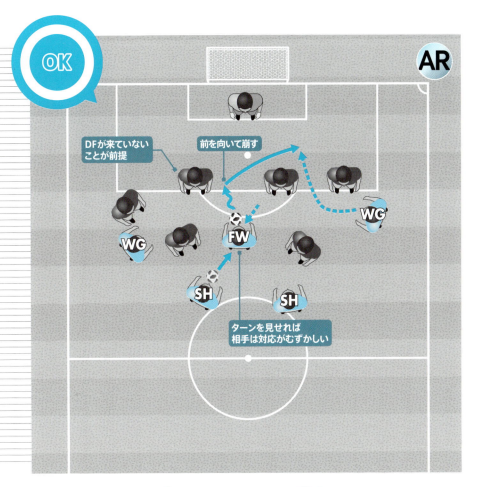

ポストではなくターンも見せる

ポストプレーをするのではなく、それをフェイントに使ってターンを見せる。数回ポストプレーをした後、急にプレーを変えると相手DFは戸惑うこと間違いなし。プレーの変化を見せられるFWになれば怖いもの知らずだ。そのためにも、ゴール前では冷静になることが大切になる。

07 Finish ▶ FWのポストプレー④

ワンツーとコントロール

ポストプレーでは、サイドからのボールを受けることもある。ゴールを意識できる状態にあるので、最良となるプレーを選ぶことを考えよう。

→ サイドからワンツーで崩す

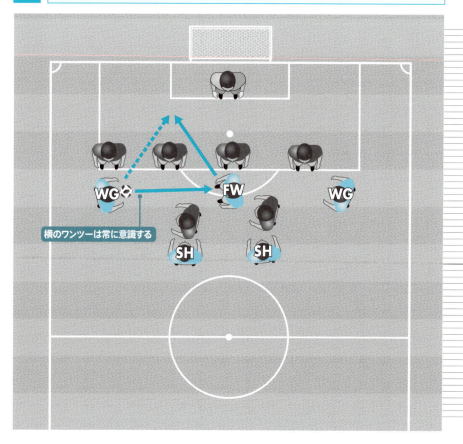

ワンツーできるスペースがある

サイドでボールを持つWGがFWにパスを出した。周囲の状況を見てワンツーを出せるスペースもあり、そのほうがシュートに持ち込みやすいと判断してワンツーを選択。パスの強さと方向が良ければWGはシュートを打てる。FWはワンツーをするとバレないような体勢や目線を意識すると良い。

状況次第でプレーを変える

サイドからFWが受けるシーンも良くある。リイドの選手はFWにボールを当ててからワンツーを狙ってDFラインの突破をはかる。ただ、FWはワンツーだけでなく、相手DFの状況次第でプレーを変えていく柔軟な対応力を持ちたい。体の向きを上手に使いながらボールをコントロールし、シュートまで運ぶ。すべてはゴールを決めるために、ベストな選択をしよう。

→ コントロールからシュートを狙う

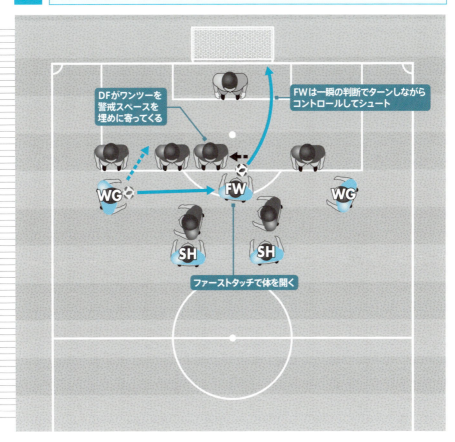

DFが寄ったらターンしてシュート

左図と同じで、サイドのWGからFWが中央でパスを受ける。このとき、ワンツーを警戒して相手DFがサイドに少しだけ寄る、もしくは意識が向いた。ここでボールをコントロールしてミドルシュートが狙えるなら、ワンツーをフェイントにしてターンする。ゴールの確率が一番高いプレーを選択しよう。

08 Finish ▶ FWの突破①

ドリブルの進路

混戦から抜け出すようにゴールに突進し、GKとの1対1まで運べるドリブル。ここで、相手の守備を受けないドリブルの方法を知っておこう。

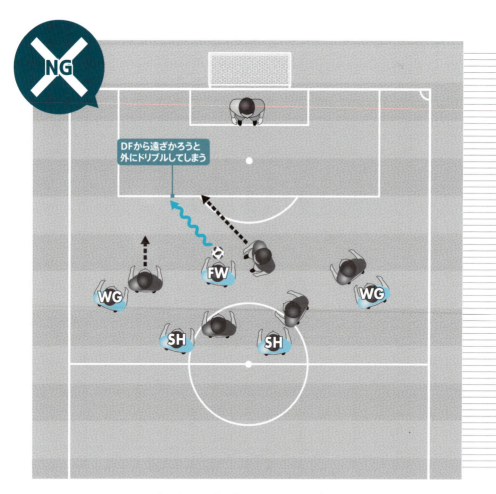

相手から逃げるようなドリブル

相手DFと並走するようにしてドリブルしている場面。相手のプレッシャーやボディコンタクトを避けようと外側に膨らむようなドリブルのコースをとってしまうと、ゴールから遠ざかり、せっかくのチャンスを潰してしまう。相手から逃げるのではなく、できるだけゴールに向かいたい。

相手の走路をふさぐようにドリブル

　突破力のあるFWがいるといないでは攻撃力に差が出るだろう。ドリブル突破ができれば、独力でゴールに向かえる。カウンター時に多いプレーだが、ロングパスがFWに渡りドリブルを開始。相手DFが追いかける状況がある。このとき、DFから離れるようなドリブルは得策ではない。それよりも相手の走る進路をふさぐようにドリブルのコースをとるほうが良いのだ。

DFの走るコースに体を先に入れる

ポイントは相手DFの走るコースに先回りすること。相手の進路はゴールへの直線的なコースから、FWに圧力をかけるように近づいてくる。そこで、先にその走るコースに体を入れて相手を後ろから追いかけさせるようにする。DFはファウルすることを避けたいのでスピードを出すことができない。

09 Finish ▶ FWの突破②

股抜きが有効

GKとの1対1をさせまいと相手DFは死に物狂いで走ってくる。何とかシュートを打たせまいとするギリギリの動きが、逆に股を開く要因になる。

→ カバーにくるDFは股が開きやすい

股抜きだと悟られないようにする

ドリブル突破で近くにいるDFの走るコースをふさいで独走体勢となったが、横から別のDFがカバーに猛然と走ってきた。DFはボールを奪おうとするが、全力で走っているときこそ、股が開きやすい。タイミングを見てうまく股を通せば、GKと1対1を仕留めるだけになる。

ボールを奪いに足を出した相手の股を抜く

カウンターで一気にドリブルで抜け出した。しかし、フォローに入っている相手DFが横からボールを奪いにきた。横から来るDFは体勢がままならないが、何とか追いつきボールを掻き出そうとしている。このような状況で有効な抜き方が股抜きだ。守備の体勢が悪いのもあるが、足を出そうとするため股が開きやすく、ボールタッチに緩急をつけると股を通しやすくなる。

→ スピードの緩急とコース変化で股抜き

わざとスピードを落として逆をとる

横からのDFを抜く方法として、スピードの緩急とドリブルの角度を変えることを組み合わせて、股抜きを狙えることもできる。ウルグアイのスアレスがよく見せるテクニックだが、ドリブルスピードを少し落として相手が追いついたところで、左右に振って股抜きをする。DFからすれば屈辱的な抜かれ方だ。

6章 守備から攻撃のトランジション

現代サッカーは攻撃と守備をセットで考える。
良い攻撃をするために、戦術を練って守備をする。
チームの選んだ戦術によって戦い方は変わるが、
どれも組織と個人の考えを一致させよう。
ここでは、ハイプレスからショートカウンターと
堅守速攻の2つのプレーのセオリーを紹介する。

この戦術に注目！

HIGH PRESS & SHORT COUNTER
ハイプレス＆ショートカウンター

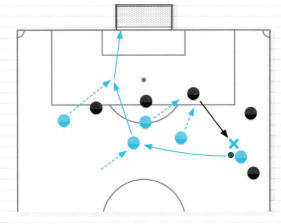

現代サッカーの象徴でもある高い位置からのプレッシング。ハイプレスをかけてボールを奪ってからのショートカウンターが決まれば相手は手も足も出ない

STRONG DEFENCE & COUNTER ATTACK
堅守速攻

堅守速攻は今の時代でもとても有効な戦術だ。自陣で根気よく守り、ボールをシンプルにロングカウンターにつなぐ。前線の選手次第ではゴール量産も狙える

守備から攻撃のトランジション

01 Transition
トランジション

スピーディな展開を作る

スピードを重視したサッカーが主流の現代。そのため守備から攻撃へつなげる動きも緻密だ。強いチームを作るためには確かな戦術が必要になる。

良い攻撃は良い守備から始まる

　現代サッカーは攻撃と守備を切り離して考えない。良い攻撃は良い守備から始まる。チームで決めた守備戦術はどうスピーディに攻撃へつなげるかを考えて選択する時代になってきた。そのため、ハイプレスにしてもリトリートにしても、約束事を決めておきたい。チェイシングをかけるタイミングやボールの奪いどころなど。細かい決めごとのあるチームが試合で勝つのだ。

02 Transition ▶ ハイプレス&ショートカウンター①

右利きの左CBを狙う

プレッシングを成功させるには、チームの連動した動きと意思の疎通が必要。どこに狙いを定めるのかチームで決めよう。

1 右利きの左CBにプレスをかける

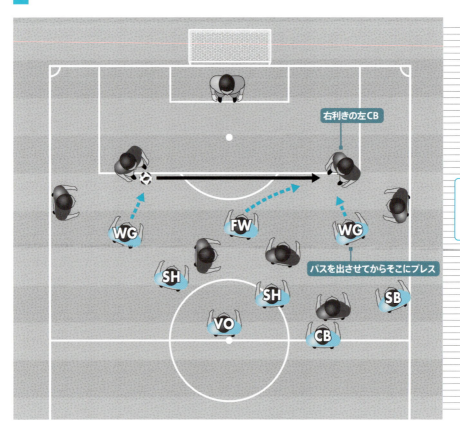

左CBの左足にボールを持たせる

相手のビルドアップの状況。右CBがボールを持っているとき、WGは軽めにプレスに行く。右CBが左CBにパスを出したタイミングで、チームでプレスをかけていく。FWと右WGが相手の右側を切って、左に向かせるようにアプローチする。

相手の弱点を狙ってプレスをかける

　プレスをかけるときに有効なのが相手の弱点を狙うことだ。相手のCBがボールをつないでいるときに、どちらかにターゲットを絞ってプレスをかける。実際、左CBは右利きの選手が務めることが多く、ボールを左足に持たせるようにしてプレスをかければ前に蹴るしかできなくなる。そのボールを拾いショートカウンターに切り替えて攻撃していこう。

2 前に蹴らせボールを拾ってカウンター

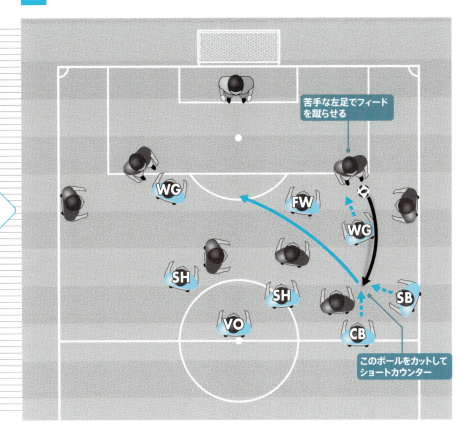

ボールを拾ったらシンプルに縦に運ぶ

相手の左CBが利き足でない足でボールを持つことになる。精度の高いパスが出せずプレスの圧力によって前に蹴ることになる。そのボールを拾ってショートカウンターにつなげる。ボールを拾った選手はすぐさま前線を見て、シンプルに縦にボールを運び入れたい。スピードを意識して攻撃する。

03 Transition ▶ ハイプレス＆ショートカウンター②

中央にパスを出させる

ハイプレスからのカウンターはボールを奪ってから素早く攻撃に転じなければならない。ゴールに直結する攻撃を仕掛ける策はある。

1 相手CBに中央にパスを出させる

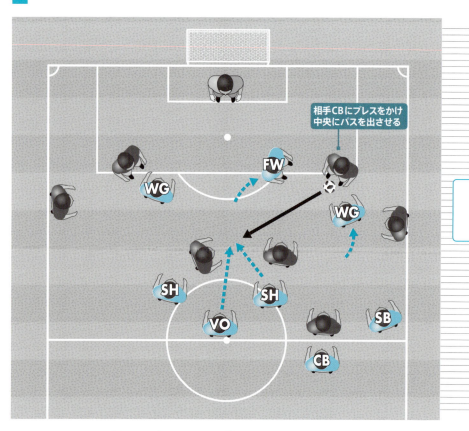

狙いを決めたらアプローチ方法を調整

相手のビルドアップで左CBがボールを持っている。あえて中央にショートパスを出させるように、FWは右側をケアするようにプレスに行き、右WGは左サイドをケアするようにチェイシングする。中央にパスが入った瞬間に中盤の選手が飛び出し、インターセプトに向かう。

中央で奪えれば攻撃が直線的になる

守備組織が固いと思われる場所は人数の多い中央になる。ハイプレスをかけ相手にボールをどこに出させ、どこを取りどころにするのかというエリアを、あえて中央にする戦略だ。プレスをかいくぐられると多少のリスクを伴うが、中央でボールを奪えれば切り替え後の攻撃を直線的にすることができる。ゴールに直結するパスが出せればカウンターは成功する。

2 ゴールに直結する縦パスを出す

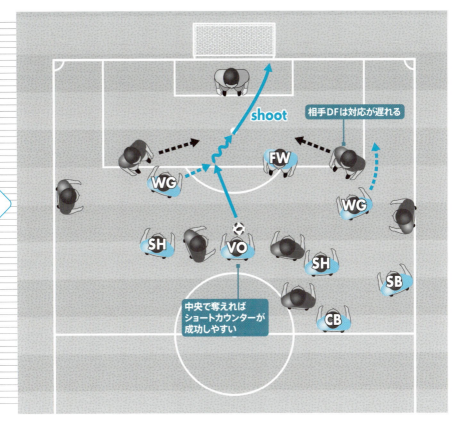

中央に素早く攻め込む

中盤でVOがボールを奪ったら、周りの選手はすぐに攻撃に切り替える。相手の守備陣が陣形を整える前に前線の選手に縦パスを入れて一気にゴールを目指す。直線的にボールを運ぶショートカウンターをすることでゴールの確率も高くなる。ただし、チームの連動なしには成功しない。

04 Transition ▶ ハイプレス&ショートカウンター③

GKまで下げさせる

現代サッカーのビルドアップはGKを使うことが多い。ここでGKに余裕を持たせないようプレスを強くかける。プレスは中途半端にならないように。

1 プレスを強めてGKに下げさせる

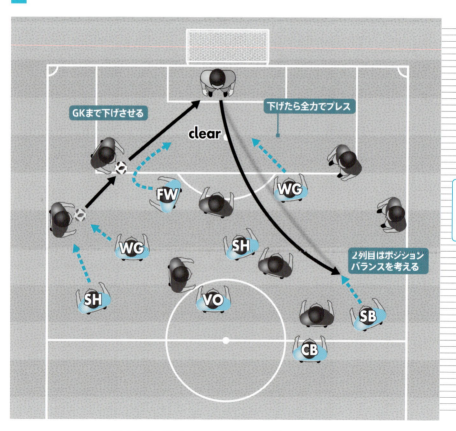

前に蹴るしかないように圧力を強める

相手のビルドアップで右SBがボールを持ち、右CBまで下げた。プレスを強めつつ人数をかけて、GKまでボールを下げさせる。ここでプレスを弱めずGKまで圧力をかけGKに余裕を持たせないようにする。GKのパスの出しどころを奪って前に蹴らせる。そのボールを拾って攻撃につなげよう。

精度の低いボールをGKに蹴らせる

ハイプレスのメリットには、相手にパスをつながせずボールを蹴らせることもある。パスではなく蹴らせることでマイボールにできる。できるだけ相手陣内でボールを奪うことを考えればGKに対してのプレッシャーは強めにかけたほうがいい。相手が苦しくなって蹴ったボールを拾い攻撃を仕掛けていくが、プレス時のポジションが良ければ自ずと攻撃もスムーズに進む。

2 シンプルかつスピーディに攻撃する

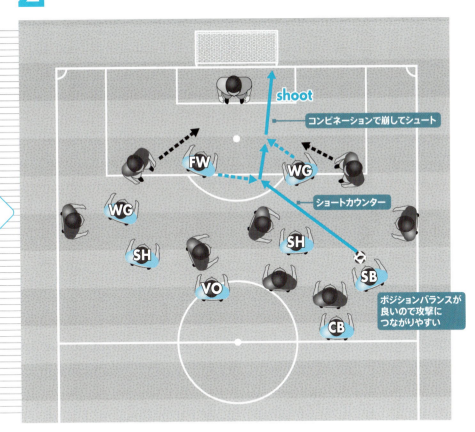

ポジションが良いと攻撃もスムーズ

GKが蹴ったボールを確実に拾いたい。ボールを拾ったらすぐに前を見る。周りの選手は攻撃に切り替えるが、守備時のプレスのポジションバランスが良ければ、それほどポジション修正をしないでも良い位置どりができている。前線にボールを運び、コンビネーションで崩してゴールを決めよう。

05 Transition ▶ 堅守速攻①

組織で攻める

ハイプレスとは言わずとも、しっかり守って攻撃につなげることができるチームは強い。組織で守り組織で攻めるチームが理想的だ。

1 相手の攻撃を遮断し、攻撃へ転じる

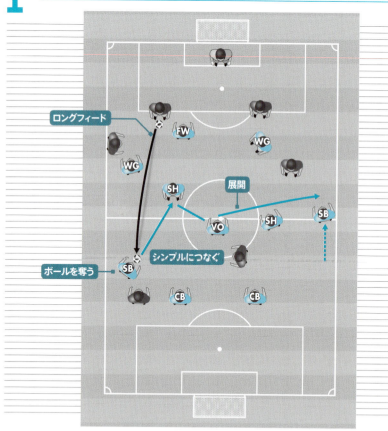

素早くシンプルに攻撃を仕掛ける

バランス良く守備陣形を敷き、相手の攻撃を遮断したあとは、シンプルにボールをつないで組み立てていきたい。縦が無理なら逆サイドに展開することで攻撃にリズムも生まれる。素早いカウンターだけが攻撃ではない。組織で攻め込むことも視野に入れよう。

躍動感のある攻撃が相手を翻弄する

攻撃はできるだけ組織で攻めたい。単発にならないよう人数をかけ、後方から次々と選手が押し寄せるような流れのある攻撃が好ましい。ワンタッチでショートパスをつないだあとに逆サイドに展開をし、サイドの選手の攻め上がりから中央に折り返してゴールを決める。躍動感のある攻めが相手守備陣を翻弄させる。バランスも大事だが攻めるときは果敢にゴールに向かおう。

2 単発で終わらないためにも組織で攻める

人数をかけることで選択肢も増える

逆サイドにボールを展開したあと、オーバーラップしたSBがドリブルで前に運ぶ。ここで味方のサポートも含め、できるだけ人数をかけて攻め上がりたい。前線の選手は相手のマークを外したり、ボールホルダーのためにスペースを作る動きで、最終的にはフィニッシュまで運ぼう。

06 Transition ▶ 堅守速攻②

SBが上がるスペースを作る

自陣でボールを奪ったあと、速く攻撃を仕掛けるのはなかなかむずかしい。縦一辺倒ではなく、何かしたら戦略を考え攻撃の選択肢を広げよう。

1 自陣でボールを奪い中盤から組み立て

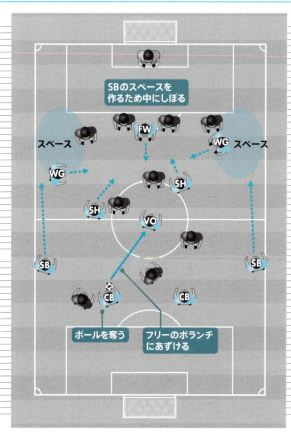

あえて中央に絞る

味方のCBが相手からインターセプト。前にいるVOにボールを渡した。SBが攻め上がれる状況でもあったので、前線の選手があえて中に絞ってサイドのスペースをあける動きをした。相手DFも中央に集まっている。SBがそのスペースに向かってオーバーラップする。

中に絞ってサイドにスペースを生む

自陣で相手からボールを奪ったあと攻撃に転じるとき、周りのポジショニングや状況にもよるが、SBのオーバーラップを活用できると攻撃に厚みが出る。サイドを広く使うことができるし、局面での数的優位な状況も作りやすい。そのため、中盤や前線の選手はあえて中に絞ってサイドにスペースをあけておくことも1つの手。相手陣内深くまで攻め込むポイントでもある。

2 サイドに展開すれば攻撃が停滞しない

スピーディな攻撃ができる

オーバーラップしたSBにVOがボールを展開。後方から上がってくる選手を抑えるのは相手DF陣からすればむずかしいタスクになる。ボールを受けたSBはスピードを落とさずに中に折り返す。前線の選手は、相手の背後をとるように動きフィニッシュまで運ぼう。

07 Transition ▶ 堅守速攻③

相手のセットプレーがチャンス

相手に攻められっぱなしの状況。時には攻撃に転じられる状況とも言える。耐え抜き守りきればワンチャンスでゴールまで運ぶこともできる。

1 相手コーナーキックのこぼれ球を拾う

前線には反応の良い選手を残す

相手のコーナーキック。ボールをクリアし、そのこぼれ球を拾ってカウンターにつなげるプレー。前線に残った選手はこぼれ球を予測して動き出し、ボールを収める。クリアと同時にスピードに自信がある選手が前線に走り出す。ここからの連動したプレーがキモになる。

突破力のある選手を前めに配置

カウンターはあるプレーからの逆襲でうまくいくケースがある。それが、相手のセットプレーだ。コーナーキックやフリーキック後にカウンターを発動しやすい。人数をかけているので、フリーキックのこぼれ球を拾えれば、一気にチャンスになる。足の速い選手や突破力のある選手を高めに配置し、クリアと同時に周りの選手も走り出し、ボールがつながればチャンスだ。

2 走り出した選手はFWを追い越していく

ボールを落としてロングフィード

こぼれ球を拾ったFWはボールを失わないようキープして、サポートに来た選手にボールを落とす。ボールを受けたSHはできるだけダイレクトで前線のスペースにロングパス。クリアした時点で走り出している前線の選手は、そこからスピード勝負で相手ゴールに迫っていこう。

ポジション特性と特徴

CF センターフォワード、トップ

1 トップや2トップで役割は多少変わるが、基本フィニッシャーとしてゴール前で仕事をするのがセンターフォワード。理想は、体も大きく強い選手だ。タイプは違うが、イブラヒモビッチやスアレス、ドログバなどは、ストライカーとしての素質も含め、すべての能力を持ち合わせている。攻撃面だけでなく守備面での貢献度も高く、プレッシングの1stディフェンダーとしてチェイシングにいく。他にも、メッシのようなタイプを配置し、自由にプレーさせるシステム（ゼロトップなど）を組むこともある。

ST シャドー、セカンドトップ

1 トップを用いるシステムのときに、1.5列目に配置される選手をシャドーやセカンドトップと言う。ゴールチャンスを作るために、ゲームの流れを見てドリブル突破や周りとのコンビネーションで崩していく。センターフォワードと同じでフィニッシャーとしての役割も求められるため、シュート能力も高くないと務まらない。相手DFの間のギャップにポジションをとりながら、中盤からの縦パスを受けて攻撃にスイッチを入れたり、裏への飛び出しで多くのチャンスを作り出すのが主な仕事だ。

WG ウイング

4 －3－3など、3トップのシステムを組むときにウイングは配置される。ウインガーと言えば、サイドを切り裂くドリブラー、スピードスターというイメージがある。近年はその特徴に加えて、シュート能力の高い選手が多くなってきた。右のウイングには右利き、左のウイングには左利きの選手を置くのがセオリーだったが最近は逆足の選手を配置し、中にカットインしてからのシュートやコンビネーションで崩す攻撃が増えてきた。少し前のメッシやロッベン、ネイマールなどもこのポジションの代表的な選手だ。

ポジション特性と特徴

OH トップ下、オフェンシブハーフ

4－2－3－1システムなどで採用するときに、その名の通り1トップ下に配置するポジション。オフェンシブハーフとも呼ばれ攻撃的な中盤の選手として、歴代の名選手が多く、攻撃の中心としてタクトをふるう。パスやドリブル、シュート、これらの高い能力に加え、プレーのイマジネーションがないと務まらない。近年ではゲームメイクは1つ下がったボランチが務めることが多くなったため、ゴールに絡む仕事がより多くなった。守備でもサボらず、しっかりプレッシングできる選手でないと活躍できない。

SH サイドハーフ

4－4－2システムなどで、トップ下を置かないときにサイドに置かれるのがサイドハーフ。サイドハーフは、ウイングのようなサイドアタッカーのタイプか、ゲームメイカータイプに分かれる。サイドアタッカーはタッチライン際を主戦場にするが、ゲームメイカータイプを置く理由は、狭い中央では相手のプレッシャーがきついため、あえてサイドに配置し、その位置で起点となる。中村俊輔などがイメージできるだろう。守備力も求められ、プレスの強度やサポートの動きなど、強さと運動量が必要なポジションだ。

ISH インサイドハーフ

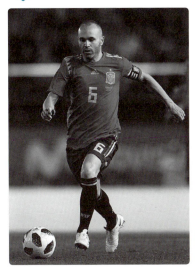

4－3－3システムの中盤が逆三角形の3人になったとき、1ボランチであるアンカーとその前に位置するポジションをインサイドハーフと呼ぶ。近年採用するチームが多く、トップ下のような能力を持つ選手やバランス力に優れた選手を配置する。バルセロナのインサイドハーフがイメージしやすいだろう。攻撃の組み立ての中心となってプレーし、パスとドリブルでボールを相手陣内に運んでいく。この選手が前向きでボールを受けてプレーできれば、チームとしてはうまくボールを運べていると言っても過言ではない。

VO ボランチ、アンカー

ボランチはディフェンシブハーフとも言い、中盤の守備の面を担うポジション。しかし、それはひと昔前の話で、現代サッカーではチームの心臓としてピッチの中央でゲームをコントロールする。シンプルにボールをさばいたり、大きく展開したり攻撃面での役割は必須だ。もちろんボール奪取などの守備力は高くないと務まらない。2ボランチが多いが、1ボランチ（アンカー）を採用するチームも増えてきている。1ボランチは守備面でのリスクもあるが、ポジションバランスが良くなるメリットがある。

ポジション特性と特徴

センターバック

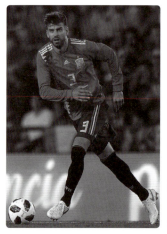

ディフェンスラインの真ん中で相手の攻撃を跳ね返すセンターバック。理想は身長が高く（大人で185cm）、強さと速さがある選手が良い。守備面だけでなく、ビルドアップでの能力もなければならないため、足下の技術が近年のセンターバックには求められる。ビルドアップでは、さばくだけでなくボールを持ち運べる選手が望ましく、ピケやボアテングなどは理想的なセンターバックと言える。4バックと3バックで多少の役割は変わるが、できれば左にいるセンターバックは左利きだと組み立てが楽になる。

SB サイドバック

4バックのサイドに配置するのがサイドバック。ディフェンダーとしての守備力はもちろん、ピッチを上下動する走力は必須。また、近年のサイドバックは攻撃の起点としても重要な役割を持つ。そのためゲームメイクの力も必要だ。現代のサイドバックは、スプリント系、攻撃的なテクニック系、バランス系などとタイプが分かれる。チームや監督によって好みは違うが、なるべく身長が高いほうが守備面では有利だ。ブラジルではいつも優秀なサイドバックが輩出される。それだけ重要なポジションだとも言える。

WB ウイングバック

3バックシステムを採用する際に、その前のサイドに配置されるのがウイングバック。システム上は3－5－2などとなるため中盤のようにも思えるが、守備面では下がって5バックを形成することも多い。サイドで数的優位を作り出しやすく、攻撃ではウイングの位置まで上がってチャンスメイクする。ウイングバックがメインポジションの選手は4バックでサイドバックを務めるのは守備面でむずかしいが、その逆は問題ない。日本人選手には向いている。

GK ゴールキーパー

現代サッカーでゴールキーパーに求められる能力はとても多い。ゴールを守るための技術の他に、ビルドアップに参加するための足下の技術が必要だ。攻撃の起点ともなるので、足下の乏しいゴールキーパーは現代では一流にはなりづらい。また、ディフェンスラインを上げて陣形をコンパクトにする戦術を採用するチームが多く、最終ラインの裏のスペースはゴールキーパーがケアしなければならない。前への飛び出しのタイミングや、ポジショニングの巧みさも重要な能力と言える。

175

監修
山口素弘
（やまぐち・もとひろ）

前橋育英高校、東海大学を経て、全日空（後の横浜フリューゲルス）に加入。1996、1997年にJリーグベストイレブンに選出された。横浜フリューゲルスが横浜マリノスとの合併が決まりチームが解散。1999年に名古屋グランパスエイトへ移籍した。2003年にアルビレックス新潟、2005年に横浜FCに移籍し、キャプテンとして活躍。日本代表でも中心選手として、1998年フランスW杯では全3試合にフル出場した。引退後は、解説者を経て、2012年に横浜FCの監督に就任。就任時点で最下位だったチームを4位まで引き上げた。現在は、名古屋グランパスアカデミーダイレクターを務める。1969年1月29日生まれ。群馬県出身。

- Jリーグ（JSL含む）通算490試合出場42得点
- 日本代表　国際Aマッチ58試合出場4得点

STAFF

- 編集協力　　城所大輔（多聞堂）
- CG制作　　　株式会社Studio947
- イラスト　　楢崎義信
- 写真　　　　Getty Images
- カバーデザイン　柿沼みさと
- 本文デザイン　三國創市（多聞堂）
- AR協力　　株式会社暁印刷
- 取材協力　　株式会社アプリシエイト
　　　　　　　株式会社SARCLE

パーフェクトレッスンブック
サッカー崩しの教科書

監　修	山口素弘
発行者	岩野裕一
発行所	株式会社実業之日本社

〒153-0044　東京都目黒区大橋1-5-1　クロスエアタワー8階
編集 03-6809-0452
販売 03-6809-0495
ホームページ　http://www.j-n.co.jp/

印刷・製本　大日本印刷株式会社

©Motohiro Yamaguchi 2018 Printed in Japan
ISBN978-4-408-33793-7（第一スポーツ）

本書の一部あるいは全部を無断で複写・複製（コピー、スキャン、デジタル化等）・転載することは、法律で定められた場合を除き、禁じられています。また、購入者以外の第三者による本書のいかなる電子複製も一切認められておりません。
落丁・乱丁（ページ順序の間違いや抜け落ち）の場合は、ご面倒でも購入された書店名を明記して、小社販売部あてにお送りください。送料小社負担でお取り替えいたします。ただし、古書店等で購入したものについてはお取り替えできません。
定価はカバーに表示してあります。
小社のプライバシーポリシー（個人情報の取り扱い）は上記ホームページをご覧ください。

1807(01)